Pusteblume

Die Rechtschreib-Werkstatt 4

Herausgegeben von
Wolfgang Menzel

Erarbeitet von
Christel Jahn
Wolfgang Kunsch
Wolfgang Menzel
Udo Schoeler
Brigitte Schulz
Katja Vau

Illustriert von
Angelika Çıtak

Schroedel

Deine Rechtschreib-Werkstatt

Liebe/r _____,

diese Werkstatt haben wir
für dich gemacht.
Damit kannst du:

▬ das richtige Abschreiben üben

▬ und das Rechtschreiben üben.

Auf den Seiten
Was kann ich nun?
kannst du selbst testen, was du alles gelernt hast.

Und so findest du dich auf den Seiten zurecht:

1   So ein Zeichen steht vor jeder Aufgabe.

2   Eine Zusatzaufgabe erkennst du
    an dieser Farbe.

Stiefel   Zusatzwörter und Zusatztexte
Lied   erkennst du auch
frieren   an dieser Farbe.

▭   So sieht ein Kasten
    mit einer wichtigen Regel aus.

Wir wünschen dir mit deinem Heft ...   viel Erfolg!

Inhaltsverzeichnis

Lern-Werkstatt

- 4 – 5 Mit der Wörterliste und dem Wörterbuch arbeiten
- 6 – 7 Abschreibtexte
- 8 – 9 Wörter üben
- 10 – 11 Einen Text lesen und auf Rechtschreib-Fehler überprüfen

Rechtschreib-Werkstatt

- 12 – 13 Langer Selbstlaut – kurzer Selbstlaut
- 14 – 15 Wörter mit doppelten Mitlauten
- 16 – 17 Wortfamilien mit einfachen und doppelten Mitlauten
- 18 – 19 Wörter mit ss und ß
- 20 – 21 Wörter mit k und ck
- 22 – 23 Wörter mit z und tz
- 24 – 25 Wörter mit und ohne Dehnungs-h
- 26 – 27 *Was kann ich nun?*
- 28 Wörter mit ä und äu
- 29 Forscheraufgabe
- 30 – 31 Wörter mit s
- 32 Wörter mir b, d, g
- 33 Forscheraufgabe
- 34 – 35 Wörter mit silbentrennendem h
- 36 – 37 Wortbildung: Wortmuster
- 38 – 39 Wortbildung: ein oder zwei Mitlaute?
- 40 – 41 Wichtige Wortbausteine
- 42 – 43 Besondere Wörter 1
- 44 – 45 Besondere Wörter 2
- 46 – 47 *Was kann ich nun?*
- 48 – 63 Wörterliste
- 64 Wichtige Fachwörter
- 65 Lösungen: *Was kann ich nun?*

Lern-Werkstatt

Mit der Wörterliste und dem Wörterbuch arbeiten

Benutze die Wörterliste oder dein Wörterbuch.
Womit möchtest du arbeiten?

1 Die zusammengesetzten Adjektive findest du oft nicht im Wörterbuch.
Du musst die einzelnen Wortteile suchen.
Schreibe die Seitenzahl dazu.

himmelblau _der Himmel, Seite_ _-blau, Seite_

kerngesund _der Kern, Seite - gesund, Seite_

feuerrot _das Feuer, Seite – rot, Seite_

bärenstark _die Bären, Seite -stark, Seite_

wunderschön _das wunder, Seite, schön, Seite_

hundemüde _der hunde, Seite - müde, Seite_

2 Wie werden diese Wörter getrennt? Überlegt zu zweit.
Schreibt eure Lösungen auf.

> Lehrerin wachsen Entschuldigung
> Pony verschmutzen Wohnung Zucker
> rupfen kichern Schifffahrt vielleicht

Leh-re-rin, wach-sen, Ents-chuldi-gung,
Bny, versch-mutzen, Woh-nung, Zu-cker,
ru-pfen, ki-chern, Schif-f-fahrt, viel-leicht

ges. Dörr

3 Vergleicht eure Lösungen mit der Wörterliste.
Berichtigt die Wörter, die ihr falsch getrennt habt.

4 Wie werden diese Wörter geschrieben?
Schreibe deine Lösungen auf und vergleiche sie
mit der Wörterliste.

ie oder i	f oder pf	e oder ä	chs oder x
w___r	___anne	___rmer	He___e
v___r	___ote	___ng	wa___en
sch___f	___loh	___rgern	bo___en

Berichtige die Wörter, die du falsch geschrieben hast.

_____

5 Wie werden diese Fremdwörter geschrieben?
Sieh in der Wörterliste nach und schreibe sie auf.

 _____    _____

 _____    _____

 _____    _____

6 Arbeitet zu viert mit der Wörterliste oder dem Wörterbuch.

• Ein Kind liest ein Wort vor.
Die anderen Kinder sollen es so schnell wie möglich finden.

• Schreibt in euer Heft:
das längste Wort, das interessanteste Wort,
das witzigste Wort und das wichtigste Wort.
Vergleicht eure Wörter und sprecht darüber.

Abschreibtexte

Nach dem Streit
Luisa ist beim Schlittschuhlaufen gestolpert,
und Hanna, ihre beste Freundin, musste lachen.
Da bekam Luisa eine riesengroße Wut.
Sie schimpfte laut wie ein Rohrspatz.
Aber Hanna lachte nur noch mehr.
Da hat Luisa ihre Sporttasche gepackt
und ist mit der Straßenbahn nach Hause gefahren.
Jetzt liegt sie traurig auf ihrem Bett.
Plötzlich klingelt das Telefon.

Tiere im Wasser
Viele Lebewesen unserer Erde leben im Wasser.
Von gigantischen Walen bis hin zu kleinen Krebsen
findet man unterschiedliche Lebewesen in den großen Ozeanen.
Aber auch in viel kleineren Gewässern
gibt es eine große Artenvielfalt.
Teiche und Tümpel bieten vielen Tieren einen Lebensraum.
Man kann dort Fische, Molche, Schnecken, Muscheln,
Wasserkäfer und Insektenlarven beobachten.
Es ist es wichtig, ihren Lebensraum zu schützen.

Fairer Handel
Bei der Produktion von Kakao, Bananen, Baumwolle, Kaffee,
Sportbällen, Teppichen und anderen Dingen
verdienen die Arbeiter in einigen Ländern oft sehr wenig.
Deshalb müssen die Kinder mitarbeiten und können
keine Schulen besuchen. Der *Faire Handel* sorgt dafür,
dass mehr Lohn gezahlt wird und dass die Kinder
nicht mehr arbeiten müssen.
Außerdem sollen keine Pflanzenschutzmittel
mehr versprüht werden. Die Käufer von fair gehandelten Waren
zahlen deswegen etwas mehr Geld. So tragen sie dazu bei,
dass es vielen Kindern besser geht.

• Abschreiben üben

Nur mit Fahrradhelm!

Lena und Juri haben einen Ausflug mit dem Fahrrad geplant. Als sie starten wollen, sagt Juri:
„Lena, wo hast du denn deinen Fahrradhelm?"
Lena antwortet: „Den wollte ich heute nicht mitnehmen, wir fahren doch nur ein kleines Stück!"
Aber damit ist Juri nicht zufrieden.
Er erklärt: „Bei einem Sturz kann man sich schwer am Kopf verletzen. Mit Helm ist es einfach sicherer."
Lena lässt sich überzeugen und holt ihren Helm.
Dann radeln sie los. Unterwegs sehen sie viele Leute, die keinen Helm tragen. Lena sagt zu Juri: „Ob die Erwachsenen stabilere Köpfe als die Kinder haben?"

Ein Ritterfest auf Burg Greifenstein

In der Burg herrscht ein reges Treiben.
Zu Ehren des jungen Ritters Gerolf findet ein Fest statt.
Alle Gäste sind festlich gekleidet.
Im Rittersaal biegen sich die langen Tafeln unter den Platten mit Braten, Wurst, Gemüse und Brot.
Aus wertvollen Kelchen trinken die Gäste Wein und Bier.
Sie schmausen, reden und lachen. Gaukler jonglieren mit Bällen und führen Kunststücke vor. Musikanten spielen auf ihren Instrumenten fröhliche Weisen. Nach dem Essen bittet Ritter Gerolf das Edelfräulein Sigrun zum Tanz.

Das Klassenfest

Viele Eltern, Geschwister, Freunde und Lehrer kamen zum Klassenfest der 4a.
Die Schüler führten ein kurzes Theaterstück auf.
Nach der Aufführung gab es
großen Beifall für die Darsteller.
Im Klassenraum konnten die Gäste eine Ausstellung über die Grundschulzeit bewundern.
Die Eltern brachten Spezialitäten
aus verschiedenen Ländern zum Essen mit.
Zum Schluss gab es noch eine Verlosung mit tollen Preisen

• Abschreiben üben

Wörter üben

Welche Übung passt zu den Wörtern?

Auf dieser Seite bekommst du Vorschläge,
wie du Wörter auf verschiedene Arten üben kannst.

a. Bilde mit einigen Wörtern Sätze.

b. Lass dir einige Wörter von einem anderen Kind diktieren.

c. Schreibe die Wörter in Druckbuchstaben ab.
   Tipp: lesen – abdecken – schreiben – vergleichen.

d. Ordne die Nomen nach Oberbegriffen.
   z. B. Tiere: ...   Pflanzen: ...

Wie viel Zeit brauche ich?

e. Schreibe die Wörter auf Zettel.
   Ordne sie nach dem Alphabet.

f. Schreibe die Wörter nach der Zahl ihrer Silben auf.
   eine Silbe: ...   zwei Silben: ...   drei Silben: ...

g. Schreibe die Nomen in der Einzahl und Mehrzahl auf:
   der Vogel – die Vögel, ...

h. Schreibe zu einigen Wörtern verwandte Wörter auf:
   fliegen, flog, die Fliege, ...

i. Schreibe Wörter mit bestimmten „Merkmalen" auf:
   – Wörter mit ö, ä, ü: ... – mit doppeltem Mitlaut: ... – mit ck: ...

j. Bilde mit den Verben die gebeugte Form mit **er**
   das Präsens, Präteritum und Perfekt:
   summen – er summt, er summte, er hat gesummt

k. Schreibe einige Wörter ab.
   Kennzeichne den Wortstamm und die Wortbausteine
   flieg|en   ver|blüh|en

8
- Wörter ordnen
- Übungsformen selbstständig nutzen
- Arbeit mit Wortfamilien

▶ Arbeitsheft: Seite 17, 19, 23, 26

1 Übe einige dieser Wörter.
Auf der Nachbarseite findest du dafür Vorschläge.
Wähle aus jedem Kasten eine Übung aus.

Fliege   Mohn   Gänseblümchen   Distel   Regenwurm   Rotklee
Vogel   Spinne   Löwenzahn   Maulwurf   Schnecke   Käfer
fliegen   kriechen   wachsen   krabbeln   summen   verblühen

● Wörter ordnen
● Übungsformen selbstständig nutzen
● Arbeit mit Wortfamilien

▶ Arbeitsheft: Seite 17, 19, 23, 26

9

Einen Text lesen und auf Rechtschreib-Fehler überprüfen

Tipps:

- Enthält das Wort alle Laute?
  Tipp: *Genau lesen.*

- Sind die Satzschlusszeichen alle gesetzt?
  Tipp: *Punkt, Fragezeichen, Ausrufezeichen*

- Wird das Wort großgeschrieben?
  Tipp: *Ist es ein Nomen? Steht es am Satzanfang?*

- Hat das Wort einen doppelten Mitlaut oder nicht?
  Tipp: *Wird der Vokal lang oder kurz gesprochen?*
  lang: tra-ben   kurz: krab-beln

- Ist das Wort am Ende oder in der Mitte
  richtig geschrieben? Tipp: *Das Wort verlängern.*
  Wald – Wälder   geht – gehen

- Hat das Wort einen Umlaut?
  Tipp: *Ein verwandtes Wort suchen.*
  räumen – der Raum

- Manchmal hilft es, ein Wort zu zerlegen.
  verraten – ver | rat | en

- Wenn du noch Zweifel hast, schlage in der Wörterliste oder im Wörterbuch nach.

1 Lies zuerst den Text auf Seite 11 halblaut.
Markiere schon einmal alle Fehler, die du findest.

2 Lies dann den Text leise und wende dabei die Tipps an.
Markiere alle weiteren Rechtschreib-Fehler.

3 Lies den Text jetzt rückwärts.
Beginne mit dem letzten Wort des Textes.
Markiere alle restlichen Fehler, die dir auffallen.

Gewitter

Tina liegt im bett.   _____

Sie hat gerade das Licht ausgemacht.   _____

Draußen regnet es.   _____

Tina hört es gern, wenn der Regen   _____

gegen die Fensterscheibe tromelt.   _____

Da blitzt es auf einmal und kracht laut   _____

Tina kriegt einen Schreck. Hat es vieleicht _____

irgendwo eingeschlagen? Sie sprinkt auf _____

und schaut aus dem Fenster.   _____

es ist wieder alles ruhig,   _____

nur der Regen praselt auf die Straße,   _____

und die Beume rauschen.   _____

Zum Glück ist nichts pasiert.   _____

Tina krabbelt wieder in ihr Bett   _____

und ziet sich die Bettdecke   _____

über den Kopf.   _____

4 Hast du alle 10 Fehler gefunden?
Sprecht darüber, ob ihr dieselben Wörter gefunden habt.

5 Schreibe die Wörter richtig neben den Text.

11

Rechtschreib-Werkstatt

Langer Selbstlaut – kurzer Selbstlaut

Ein Wort wie **tra-ben** besteht aus zwei Silben.
Die erste Silbe endet mit einem **langen a**.
Der Mund bleibt beim Sprechen für einen Augenblick offen.
Man nennt sie deswegen eine **offene Silbe**.

Ein Wort wie **krab-beln** besteht auch aus zwei Silben.
Die erste Silbe hat ein **kurzes a**,
das man nicht so deutlich hört wie in *traben*.
Die Silbe endet mit einem **b** und der Mund ist dabei geschlossen.
Man nennt diese Silbe deswegen eine **geschlossene Silbe**.

1 Sprecht euch die Wörter rhythmisch vor und klatscht dazu.

> Gabel   grabbeln   graben   schaffen   Hafen   knabbern
> krabbeln   schlabbern   schlafen   Schnabel   Affen   haben
> rufen   knuffen   verdoppeln   proben   Stufen   loben
> hoppeln   offen   hobeln   puffen   getroffen   knobeln

2 Kreist die Wörter mit offenen ersten Silben rot ein
und die Wörter mit geschlossenen ersten Silben blau ein.

3 Lest euch zuerst die blau eingekreisten Wörter
und dann die rot eingekreisten Wörter gegenseitig vor.

4 Schreibe die Wörter geordnet und mit Trennstrichen auf.

Wörter mit offener Silbe	Wörter mit geschlossener Silbe
Ga-bel,	grab-beln,
gra-ben	ha-ben,
schlaf-fen	schlab-bern
Ha-fen	krab-beln
schla-fen	schaf-fen
Schna-bel	knab-bern
Af-fen	schla-fen

5 Sprecht gemeinsam die Reimpaare und schreibt sie auf.

Gabel – Schnabel, Affen – schlaffen, rufen – puffen
Hafen – Affen; knabbeln – Schnabel, graben –
-laben, grabbeln – knabbeln, schaffen –
Affen, poben – loben, knabbeln – schlabben,
rufen – Schtufen, happeln – verdappeln,
kuffen – puffen, hobeln – knobeln; Affen getroffen

6 Diktiert euch die Wörter gegenseitig in euer Heft.
Sprecht die Wörter dabei so aus, dass man hören kann,
ob die erste Silbe offen oder geschlossen ist.
Wer diktiert, kontrolliert, ob der andere richtig schreibt.

7 Schreibe noch weitere zweisilbige Wörter in dein Heft.
Markiere sie wie bei Aufgabe 2.

● Rechtschreibstrategien anwenden: Mitsprechen
● Silbenprinzip wiederholen
● Lang und kurz gesprochene Selbstlaute unterscheiden
● Partnerdiktat
▶ Arbeitsheft: Seite 14, 15

Wörter mit doppelten Mitlauten

> Wenn du nach einem kurzen Selbstlaut nur einen Mitlaut hörst, wird er beim Schreiben verdoppelt: *fallen, immer, Kanne.*

1 Lest die Wörter gemeinsam und erklärt euch unbekannte Wörter. Besprecht auch, welche Wörter Nomen, welche Verben und welche Adjektive sind.

Wörter mit ...

ff:	ll:	mm:	nn:	tt:
schaffen	sollen	stimmen	können	schütten
Schiff	Brille	Lamm	Kinn	Brett
offen	schnell	dumm	dünn	nett
hoffen	bellen	summen	rennen	betteln
Neffe	Stelle	Schimmel	Tonne	Blatt
straff	toll	stumm	sonnig	kaputt

2 Schreibe die Verben mit Trennstrichen auf.

schaf-fen,

3 Schreibe die Verben in der gebeugten Form mit **du, er** oder **es**. Der doppelte Mitlaut bleibt erhalten.

du schaffst,

14 • Rechtschreibstrategien anwenden ▶ Arbeitsheft: Seite 16

4 Schreibe Sätze in dein Heft, in denen die Verben in der gebeugten Form mit **du**, **er** oder **es** vorkommen.

Du schaffst es weit zu tauchen.

5 Schreibe die Nomen in der Einzahl und dann in der Mehrzahl mit Trennstrichen auf.

Affe – Af-fen,

6 Denkt euch zu den Adjektiven passende Nomen aus und schreibt sie wie im Beispiel in euer Heft: *das offene Fenster, ...* Lest eure Wörter in der Klasse vor.

7 Sucht gemeinsam in der Wörterliste weitere Wörter mit ...

ff:

ll:

mm:

nn:

tt:

8 Übt die Wörter, die ihr gefunden habt, wie in Aufgabe 2 bis 6 oder mit Übungen von Seite 8.

9 Sucht und übt auch Wörter mit **bb**, **dd**, **gg**, **pp**, oder **rr**.

15

Wortfamilien mit einfachen und doppelten Mitlauten

> Ein **doppelter Mitlaut** bleibt in den meisten Wörtern einer Wortfamilie erhalten: *kommen, es kommt, es ist gekommen*. Wenn aber in einem Wort **ein langer Selbstlaut** vorkommt, steht dort nur **ein Mitlaut**: *es kam*.

1 Lest diese Wörter gemeinsam.
Setzt unter den markierten Selbstlaut einen Punkt, wenn er kurz ist, und einen Strich, wenn er lang ist.

> treffen   kommen   fallen   bitten   sie bittet   es fällt   es kam
> er trifft   es kommt   sie bat   er traf   es fiel   er ist gefallen
> er hat getroffen   er hat gebeten   es ist gekommen

2 Schreibe die Verben geordnet nach Wortfamilien auf.

treffen – er trifft, er traf, er hat getroffen,
kommen – es kommt, es ist gekommen
fallen – es fiel, es ist gefallen
bitten – sie bittet, es hat gebeten
es kam – sie bat

3 Schreibe mit einigen Wörtern aus dem Kasten einen kleinen Text.

4 Erkundigt euch nach der Bedeutung von
a. fallen – er fällt – er fiel – er ist gefallen
b. fällen – er fällt – er fällte – er hat gefällt
und schreibt jeweils mit einem Wort von a. und b. Sätze auf.

16
- Lang und kurzgesprochene Selbstlaute unterscheiden
- Wortfamilien bilden
- Rechtschreibstrategien anwenden

▶ Arbeitsheft: Seite 17
▶ Förderheft: Seite 40
▶ Forderkartei: Nr. 79

> Manchmal hat ein Wort in der Grundform
> keinen **doppelten Mitlaut**: *reiten*, aber ein anderes Wort
> aus der Wortfamilie schon: *ich bin geritten*.
> Das muss so sein, weil das Wort *geritten* **einen kurzen
> Selbstlaut** hat.

5 Übt auch diese Wörter wie in den Aufgaben 1 und 2.

> reiten streiten greifen pfeifen er greift sie reitet
> du pfeifst sie streitet er stritt sie pfiff er ritt sie griff
> sie hat gepfiffen er hat gegriffen er hat gestritten
> sie ist geritten

6 Lest euch den Text gegenseitig vor.

Pit und Pat gemeinsam reiten,
und sich dabei ein bisschen streiten.
Beim Ausritt sie ein Liedchen pfeifen,
und vergnügt nach Beeren greifen.

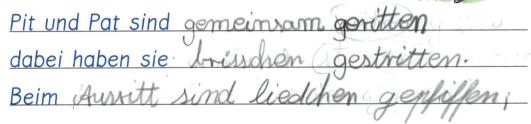

7 Schreibe den Text im Perfekt auf.

Pit und Pat sind gemeinsam geritten
dabei haben sie bisschen gestritten.
Beim Ausritt sind Liedchen gepfiffen,
und vergnügt nach Beeren gegriffen.

8 Schreibe die Verben **schneiden** und **kneifen** im Perfekt
und Präteritum auf. Kontrolliere mit der Wörterliste.

- Lang und kurzgesprochene Selbstlaute unterscheiden
- Wortfamilien bilden
- Rechtschreibstrategien anwenden

▶ Arbeitsheft: Seite 17
▶ Förderheft: Seite 40
▶ Forderkartei: Nr. 79

Wörter mit ss und ß

> Für Wörter mit **ss** oder **ß** gilt:
> Auf einen **kurzen Selbstlaut** folgt **ss** und auf einen
> **langen Selbstlaut** folgt **ß**. Auch bei **ei** und **ie** folgt **ß**.
> Manchmal werden einige Wörter einer Wortfamilie
> mit **ss** und andere mit **ß** geschrieben:
> *essen, er isst, er hat gegessen* – aber: *er aß.*

1 Lest euch diese Wörter gemeinsam durch.
Achtet dabei besonders auf die langen und kurzen Selbstlaute.

wissen	er weiß	er wusste	er hat gewusst
lassen	sie lässt	sie ließ	sie hat gelassen
gießen	sie gießt	sie goss	sie hat gegossen
reißen	sie reißt	er riss	er hat gerissen

2 Schreibe die Wörter geordnet auf.

Verbformen mit ss: *wissen,* _____

_____

_____

_____

Verbformen mit ß: *er weiß,* _____

_____

3 Schreibe mit einigen Verbformen Sätze in dein Heft.

18
● Rechtschreibstrategien
anwenden: Mitsprechen
● Arbeit mit Wortfamilien

▶ Arbeitsheft: Seite 18

das Essen   der Bissen   es fließt   ich aß   das Gebiss   flüssig
es beißt   sie isst   der Fluss   fließend   wir aßen   gebissen
der Abfluss   der Esslöffel   ein bisschen

4 Schreibe die Wörter nach Wortfamilien geordnet in die Tabelle.

essen	beißen	fließen
das Essen	es heißt	es fließt
der Esslöffel	aßen	flüssig
gebissen	ich aß	fließend
das Gebiss	sie isst	der Fluss
bisschen	Bissen	Abfluss

5 Lest euch den Text gegenseitig vor.
Achtet dabei auf die Wörter mit **ss** und mit **ß**.

Die Regengüsse der letzten Wochen haben den kleinen Fluss
anschwellen lassen. Er fließt nun viel schneller als sonst.
Das Flüsschen kann sich in einen reißenden Strom verwandeln!
Obwohl das jeder weiß, ist es doch immer wieder
ein bisschen unheimlich.

6 Deckt den Text nun zu und versucht,
gemeinsam alle acht Wörter mit **ss** und mit **ß** zu nennen.

7 Markiere die Wörter mit **ss** und **ß** und schreibe den Text ab.

8 Schreibe auch zu diesen Verben Wörter aus der Wortfamilie auf.

vergessen   fressen   schließen   messen   schließen

● Rechtschreibstrategien
anwenden: Mitsprechen
● Arbeit mit Wortfamilien

▶ Arbeitsheft: Seite 18

Wörter mit k und ck

1 Lest euch die Wörter erst einmal durch.

Wörter mit k	Wörter mit ck
Wolke Maske	Schreck Stock
Bank	Ruck
Gurke Imker	zwicken packen

2 Markiert die Buchstaben, die vor dem **k** und die vor dem **ck** stehen und kreuzt an.
Vor **k** stehen ☐ kurze Selbstlaute. ☐ lange Selbstlaute. ☒ Mitlaute.
Vor **ck** stehen ☒ kurze Selbstlaute. ☐ lange Selbstlaute. ☐ Mitlaute.

3 Vervollständige nun die Merksätze.
Überlegt gemeinsam und setze ein: **kurzen Selbstlauten**   **Mitlauten**

Nach _____*Mitlauten*_____ steht nur ein **k**:
in *Wolke* und in *Bank*, in *Gurke* und in *Schrank*.

Ein **ck** steht nur nach *kurze Selbstlauten*:
in *packen, lecken, jucken*, in *zwicken, locken, spucken*.

4 Welche Wörter werden mit **k**, und welche mit **ck** geschrieben?
Lies noch einmal die Merksätze und setze ein.

die Flo_ck_e   das Geschen_ck_   lin_ck_s   le_ck_er

fun_ck_eln   der Zir_k_us   wa_ck_eln   der Spe_ck_

- Kurze und lange Selbstlaute unterscheiden
- Merksätze vervollständigen

▶ Arbeitsheft: Seite 19
▶ Forderkartei: Nr. 80

5 Sprecht die Reimpaare.

> Bank   winken   danken   Schrank   trinken   zanken
> Quark   melken   krank   Park   welken   schlank

6 Schreibe die Reimpaare auf.

Bank – Schrank, winken – trinken, danken – zanken, Quark – Park, melken – welken, krank – schlank

7 Sprecht die Reimpaare und schreibt sie auf.

> backen   jucken   Mücke   knacken   zwicken   Rock   Lücke
> gucken   nicken   Stock   lecken   trocken   Trick   Glück
> Ecke   necken   hocken   Decke   Strick   Stück

backen – knacken, jucken – gucken, Mücke – Lücke, zwicken – nicken, Rock – Stock, lecken – Ecken, trocken – hocken, Trick – Strick, Glück – Stück, Ecke – Decke, necken – lecken – Ecken

8 Schreibe mit einigen Wörtern von dieser Doppelseite einen Text in dein Heft.

9 Schreibe noch weitere Wörter mit **ck** auf. Kontrolliere mit der Wörterliste oder dem Wörterbuch.

- Kurze und lange Selbstlaute unterscheiden
- Merksätze vervollständigen

▶ Wörterliste: Seite 48 – 62
▶ Arbeitsheft: Seite 19
▶ Forderkartei: Nr. 80

Wörter mit z und tz

1 Lest euch die Wörter erst einmal durch.

Wörter mit z	Wörter mit tz
Salz tanzen Schmerz	Schutz Platz flitzen petzen Trotz

2 Markiert die Buchstaben, die vor dem **z** und die vor dem **tz** stehen und kreuzt an.

Vor **z** stehen   ☐ kurze Selbstlaute.   ☐ lange Selbstlaute.   ☒ Mitlaute.
Vor **tz** stehen   ☒ kurze Selbstlaute.   ☐ lange Selbstlaute.   ☐ Mitlaute.

3 Vervollständige die Merksätze. Überlegt gemeinsam und setzt ein:

einem kurzen Selbstlaut   **einem Mitlaut**

Nach ___Mitlaute___ steht nur ein **z**:
in *tanzen* und in *Holz*, in *Wurzel* und in *Stolz*.

Ein **tz** steht nur nach ___kurze Selbstlaute___:
in *putzen*, und *spritzig*, in *kratzen* und *witzig*.

4 Welche Wörter werden mit **z**, und welche mit **tz** geschrieben?
Lies noch einmal die Merksätze und setze ein.

seuf__z__en   plö__tz__lich   schwar__z__   das Gese__tz__

die Ker__z__e   glän__tz__en   mo__tz__en   tro__tz__dem

5 Vergleicht die Merksätze zum **z** und **tz** und zum **k** und **ck**.

6 Sprecht die Reimpaare.
Schreibt sie dann auf.

> Herz   tanzen   Schmerz   ganz   pflanzen   Schwanz
> Pfefferminz   Holz   Prinz   kurz   stolz   Sturz

Herz – Schmerz, tanzen - pflanzen, ganz -
Schwanz, Pfefferminz - Prinz, Holz - stolz,
kurz - Sturz

7 Sprecht die Reimpaare und schreibt sie auf.

> Schatz   sitzen   Katze   setzen   Platz   flitzen   petzen   Tatze
> trotz   nutzen   Spitze   Klotz   kratzen   putzen   schwatzen   Hitze

Schatz – Platz, sitzen - flitzen, Katze - Tatze,
setzen - petzen, trotz - Klotz, nutzen - putzen,
Spitze - Hitze, kratzen - schwatzen

8 Schreibe mit einigen Wörtern von dieser Doppelseite einen Text.

9 Bei diesen Wörtern stehen vor den Lücken **au, ei, eu**.
Werden die Wörter mit **z** oder **tz** geschrieben?
Prüft mit der Wörterliste und setzt ein.

hei_tz_en   der Gei_tz_   rei_z_en   der Kau_z_

die Schnau_z_e   sprei_tz_en   das Kreu_tz_   der Wei_z_en

● Kurze und lange
  Selbstlaute unterscheiden
● Merksätze vervollständigen   ● Wörterliste: Seite 48 – 63   ▶ Arbeitsheft: Seite 20
                                                                        ▶ Forderkartei: Nr. 80   23

Wörter mit und ohne Dehnungs-h

1 Lest euch die Wörter durch
und unterstreicht immer den Buchstaben nach dem **h**.

zäh<u>m</u>en   Füh<u>l</u>er   Rah<u>m</u>en   woh<u>l</u>   Zah<u>n</u>   weh<u>r</u>en   Huh<u>n</u>   Oh<u>r</u>

Es sind die Buchstaben _m, l, n, r_.

2 Besprecht nun die Regel und setzt die fehlenden Buchstaben ein.

> In manchen Wörtern mit einem **langen Selbstlaut**
> steht ein **Dehnungs-h**:
> in *ohne*, *kühl* und *sehr*, in *Sahne*, *Zahn* und *mehr*.
> Dieses **h** kann nur **vor den vier Mitlauten**
> _m_, _l_, _n_, _r_ stehen.
> Ein Dehnungs-**h** kann man beim Sprechen nicht hören.

3 Sucht in der Wörterliste weitere Wörter mit **Dehnungs-h**.

Wörter mit **hl**: _abkühlen, Abkühlung_

Wörter mit **hm**: _____

Wörter mit **hn**: _____

Wörter mit **hr**: _____

4 Übe die Wörter von Aufgabe 1 und 3
mit einer Übung von Seite 8.

5 Erklärt euch die Unterschiede zwischen **Wal** und **Wahl**.

6 Lest euch die Wörter durch und unterstreicht immer
die Buchstaben am Wortanfang.

> <u>sch</u>ämen   Tal   schälen   Tor   Schwan   tun   schwer   Tür

Es sind die Buchstaben *Sch, T, ch, sch, t, schT*.

7 Besprecht nun die Regeln
und setzt die fehlenden Buchstaben ein.

> Viele Wörter mit einem **l, m, n, r** haben aber
> **kein Dehnungs-h**.
> Beginnt ein Wort mit einem *sch* oder mit einem *T*,
> dann wird es ohne Dehnungs-**h** geschrieben.
> bei *Töne* und *schöne*, bei *Tal* und *Schal*.

8 Nur eines der Wörter in jedem Paar enthält ein Dehnungs-**h**.
Schreibe alle Wörter auf.

> Scha?l – Za?l   me?r – schwe?r   Tö?ne – Sö?ne
> Fü?ler – Schü?ler   Trä?ne – Zä?ne   kü?l – schwü?l

*Schwahl, Zahl, mehr, schwehr, Tönne,
Sönne, Fehler, Schühler, Träne,
Zähl, schwühl*

- Rechtschreibstrategien entwickeln
- Merksätze vervollständigen

▶ Wörterliste: Seite 48 – 63
▶ Arbeitsheft: Seite 21
▶ Förderkartei: Nr. 18

Was kann ich nun?

Teste dich doch einmal selbst!
Schreibe die Antworten auf.
Schau dann auf Seite 65 nach, ob du alles richtig gemacht hast.

1. Schreibe je ein Wort auf mit …

   mm: *Schwimmen*   **tt:** *Mittwoch*   ☺

2. Verändere die Verben und schreibe die Sätze im Präteritum auf.

   Die Kinder streiten. – Die Kinder *haben getreten*.

   Der Regen fällt. – Der Regen *hat gefallen*.   ☹

3. Welche Wörter schreibt man mit **ss**, welche mit **ß**?
   Schreibe sie auf.

   | ich wei?   ich wu?te   sie lä?t   sie lie? |

   ich weiß, ich wusste, sie lässt, sie ließ   ☺

4. Warum wird **zanken** mit **k** geschrieben? Kreuze an.

   ☒ Weil vor dem **k** ein Mitlaut steht.

   ☐ Weil das Wort ein Verb ist.   ☺

5. Welche Wörter schreibt man mit **k**, welche mit **ck**?
   Schreibe sie auf.

   | die Brü?e   dun?el   wir?lich   zurü? |

   die Brücke, dunkel, wircklich, zurück   ☺

6 Warum wird **Katze** mit **tz** geschrieben? Kreuze an.

☐ Weil Nomen immer mit **tz** und nicht mit **z** geschrieben werden.

☒ Weil vor dem **tz** ein kurzer Selbstlaut steht.

7 Welche Wörter schreibt man mit **z**, welche mit **tz**?
Schreibe sie auf.

| die Gren**?**e | spri**?**en | die Gla**?**e | schwar**?** |

die Grentze, spitzen, die Glaze, schwarz ☺

8 Welche Wörter schreibt man mit einem **Dehnungs-h**?
Schreibe sie richtig auf.

| der Schü**?**ler | o**?**ne | die Tü**?**r | kü**?**l |

der Schühler, ohne, die ~~Tür~~ Tür, kühl ◯

9 In jeder Zeile gibt es ein falsch geschriebenes Wort.
Streiche es durch und schreibe das Wort richtig neben den Text.

Unsere Katze ~~Mau~~ hat ein schwartzes Fell.   *Maus*

Wenn sie nach ~~Hause~~ kommt, schnurt sie.   *haus*

Einmal kamm sie ~~hinkend~~ heim.   *hinken*

Man merckte sofort, dass sie krank war.

Sie wollte nur Wasser, aber ~~gar~~ nichts freßen.   *ganz*

So richtig ~~wol~~ fühlte sie sich erst wieder,   *wolte*

als ihre bluhtige Pfote ~~verheilt~~ war.   ◯

● Selbsteinschätzung   ■ Lösungen: Seite 65   ▶ Arbeitsheft: Seite 18 – 21, 63, 64   **27**
● Diagnose

Wörter mit ä und äu

> Die meisten Wörter, die mit **ä** oder **äu** geschrieben werden, stammen von Wörtern mit **a** oder **au** ab:
> *Gärtner – Garten, er läuft – laufen.*

Fleißige Gärtner
Mutter schneidet die Äste der Sträucher und Bäume.
Pia wässert die ersten Kräuter und jungen Pflänzchen.
Peter sammelt die letzten welken Blätter auf.
Nur das Kätzchen schläft faul in der Sonne
und träumt von der Mäusejagd.

1 Lest euch den Text erst einmal gegenseitig vor und markiert alle Wörter mit **ä** und **äu**.

2 Schreibe die markierten Wörter in deinem Heft mit einer verwandten Form mit **a** und **au** auf: *Gärtner – Garten, …*

3 Diktiert euch den Text gegenseitig oder schreibt ihn ab.

4 ä oder e? Suche zu jedem Wort mit **ä** eine verwandte Form mit **a**.
Schreibe so: *Berge, …   Zähne – Zahn, …*

B?rge   Z?hne   Zw?rge   H?rbst   H?nde   W?lder
Schw?mme   F?ld   K?lte   W?lt   Z?lt   D?cher

5 Zu manchen Wörtern mit **ä** findest du nur schwer ein Wort mit **a**. Übe diese Wörter mit einer Übung von Seite 8.

Geschäft   ärgern   nämlich   Käfer   März   Bär
kläffen   krächzen   plärren   Gedrängel   Geländer

6 Schreibe weitere Wörter mit **ä** oder **äu** auf, die du kennst. Schreibe eine verwandte Form mit **a** oder **au** dazu.

- Wörter mit Umlauten schreiben
- Rechtschreibstrategien entwickeln
- Partnerdiktat

▶ Arbeitsheft: Seite 23
▶ Förderheft: Seite 41
▶ Forderkartei: Nr. 85

Forscheraufgabe

Hier findet ihr die Forscheraufgabe für Seite 30 – 31.

Wörter mit s
Den Buchstaben **s** kann man auf zweierlei Weise sprechen:
Das **s** im Wort **Sonne** ist **stimmhaft**.
Das **s** im Wort **Osten** ist **stimmlos**.

1. Sprecht die beiden Wörter **Sonne** und **Osten** aus.
   Haltet euch dabei die Ohren zu.
   Beschreibt, wie sich die **s-Laute** anfühlen.

2. Sprecht euch nun die Wörter **reisen** und **reißen** vor.
   Was klingt anders?

3. Sprecht nun die Wörter **reist** und **reißt**.
   Was fällt euch jetzt auf?

4. Sprecht diese Bildwörter erst in der Einzahl
   und dann in der Mehrzahl deutlich aus.
   Achtet dabei vor allem auf die **s-Laute**.

5. Überlegt gemeinsam, welche Regel euch helfen kann,
   die Bildwörter am Wortende richtig zu schreiben.

6. Kreist die Bildwörter ein, die man mit **s** schreibt.

7. Schreibe die Bildwörter von Aufgabe 4 auf.

- Rechtschreibstrategien entwickeln
- Stimmhafte und stimmlose Mitlaute unterscheiden

Wörter mit s

Bevor ihr hier arbeitet, löst die Forscheraufgabe auf Seite 29.

> Manchmal klingen **s** und **ß** gleich:
> *Glas – Spaß, er niest – es fließt.*
> Wenn man die Wörter aber verlängert, kann man hören,
> ob man sie mit **s** oder **ß** schreibt:
> *Gläser – Späße, niesen – fließen.*

1 Welche Wörter schreibt man mit **s**, welche mit **ß**?
Überlegt gemeinsam, wie man die Wörter verlängern kann.

> Gruß   Preis   Ausweis   groß   Gras   süß   Stoß   fies
> bloß   nervös   Strauß   harmlos   Fleiß   Eis   Gefäß

2 Schreibe die Wörter wie im Beispiel in dein Heft: *Gruß – grüßen, …*

3 Verlängere die Verben und schreibe sie in der gebeugten Form und in der Grundform auf.

> es bläst   sie reist   er liest   sie rast   er niest   du grinst
> es grast   sie bremst   es braust   sie saust

es bläst – blasen, sie reist – reisen, er liest – lesen, sie rast – rasten, er niest – niesen, du grinst – grinsen, er grast – grasen, sie bremst – bremsen, es braust – brausen, sie saust – sausen

4 Schreibe mit einigen Wörtern von Aufgabe 1 und 3 Sätze auf.

5 Lest diese Sätze erst einmal gemeinsam in der Mehrzahl. Sprecht sie dann in der Einzahl: *Das Kind liest, der ...*

> Die Kinder lesen, die Kranken niesen.
> Die Autos rasen, die Pferde grasen.
> Die Omas gern ein Rätsel lösen, die Katzen in der Sonne dösen.
> Kinder im Sommer gern verreisen
> und am Strand ein Eis verspeisen.

6 Schreibe die Sätze in der Einzahl auf.

Das Kind *liest*, *die Kranken niesen.*
Das Auto *rast*, *die Pferde grasen.*
Die Oma *gern ein Rätsel lösen,*
die *Katze in der Sonne döse.*
Kind im Sommer gern verreist
und am Strand ein Eis verspeist.

7 Im Text stehen drei falschgeschriebene Wörter. Streiche sie durch und schreibe den Text richtig in dein Heft.

> Jeder Gedanke kreißt um die Frühstückspause. Die Klingel erlöst Theo. Er reißt seine Brotdose auf und grinßt – ein Schinkenbrötchen mit Gurke! Glücklich beißt Theo zu und verspeißt es mit Genuss.

Gedanken *reißt*

8 Dies sind Wörter mit **s**, die du dir merken musst. Suche dir von Seite 8 verschiedene Übungsmöglichkeiten aus.

> nichts rechts links was aus bis etwas selbst
> besonders wenigstens meistens niemals gestern sonst

- Rechtschreibstrategien anwenden
- Stimmhafte und stimmlose Mitlaute unterscheiden

▶ Lern-Werkstatt: Seite 8
▶ Arbeitsheft: Seite 24
▶ Förderheft: Seite 42
▶ Forderkartei: Nr. 83, 84

31

Wörter mit b, d, g

Manchmal hören sich **b, d, g** wie **p, t, k** an:
Dieb, Bad, schräg, er liebt, sie sagt.
Wenn man die Wörter **verlängert,** kann man **b, d, g**
deutlich hören: *Diebe, Bäder, schräge, lieben, sagen.*

1 Schreibe die Verben in der gebeugten Form
und der Grundform auf: *raubt – rauben, ...*

raubt	singt	liegt	fängt	treibt	sagt	tobt	trägt
biegt	lügt	hebt	zeigt	klingt	bleibt	fragt	lobt

2 Schreibe mit einigen Verben einen kleinen Text in dein Heft.

3 Schreibe zu den Wörtern Wortfamilien auf: *glauben, unglaublich, ...*

glauben   sägen   Zweig   Land   lieb

4 Lest euch die Sätze erst einmal so vor, wie sie da stehen.
Verbindet dann die Satzanfänge mit den passenden Satzenden.

Die Schüler schreiben——   die Farbkästen.
Die Kinder graben——   in den Himmel.
Die Flugzeuge steigen —   auf einen Felsen.
Die Kunstlehrer bringen——   in der Sandkiste.
Die Bergziegen springen——   am Schreibtisch.

4 Schreibe die Sätze vollständig in der Einzahl auf:
Der Schüler schreibt am Schreibtisch.

6 In jedem Satz gibt es ein zusammengesetztes Nomen.
Schreibe wie im Beispiel in dein Heft: *Farbkästen – farbig*

● Rechtschreibstrategien entwickeln   ▶ Arbeitsheft: Seite 25
● Wortfamilien bilden   ▶ Förderheft: Seite 43

Forscheraufgabe

Hier findet ihr die Forscheraufgabe für Seite 34.

Wörter mit silbentrennendem h

1. Schreibt diese Wörter untereinander in euer Heft.

   sehen   drohen   gehen   Ruhe   frohe   Schuhe

2. Unterstreicht die Buchstaben **vor** und **nach** dem **h**.

3. Wie wird diese Art von Buchstaben genannt, die nun unterstrichen sind?

   Es sind _____ .

4. Schreibt die Wörter nun noch einmal mit Trennstrichen neben die Wörter von Aufgabe 1 in euer Heft.

5. Was fällt euch auf, wenn ihr die hinteren Silben betrachtet?

6. Schreibt nun gemeinsam eine Regel auf. Warum steht in diesen Wörtern ein **h**?

   Wenn zwei Selbstlaute aufeinandertreffen, _____

   _____

   Die zweite Silbe _____

7. Sucht noch weitere Wörter, die ein solches **h** enthalten. Kontrolliert mit der Wörterliste oder dem Wörterbuch.

- Rechtschreibstrategien entwickeln
- Arbeit mit der Wörterliste

▶ Wörterliste: Seite 48 – 63

33

Wörter mit silbentrennendem h

> Wenn bei **zwei Silben zwei Selbstlaute** aufeinander stoßen,
> dann setzt man meistens ein **h** dazwischen: *blü-hen.*
> Dieses **h** kann man beim rhythmischen Sprechen hören.
> Es bleibt bei anderen Formen der Wörter erhalten: *sie blüht.*

1 Stelle die Verben zu Reimpaaren zusammen.
Schreibe jedes Reimpaar in eine neue Zeile.

blühen	sehen	ziehen	gehen	fliehen	krähen
glühen	nähen	muhen	wehen	stehen	ruhen

blühen – glühen

2 Schreibe die Verben mit Trennstrich neben die Reimpaare.

3 Bilde mit den Verben kurze Sätze in der Einzahl,
und schreibe im Heft wie im Beispiel:
blühen: Die Blume blüht.

4 Markiert Reimwörter mit derselben Farbe.

Nähe	Rehe	Schuhe	Krähe	Mühe	Zehe	Ruhe
Kühe	Truhe	wehe	Höhe	rohe	frohe	Flöhe

5 Stelle die Wörter zu zweit oder zu dritt zu Reimen zusammen. Schreibe sie mit Trennstrichen im Heft auf.

6 Zu einigen der Wörter kann man eine kürzere Form bilden. Schreibe so in dein Heft: *Nähe – nah, Rehe – Reh, ...*

7 Lest euch den Text durch und markiert die acht Verben mit **h**.

Juri sieht aus dem Fenster. Der Apfelbaum blüht.
Juri zieht seine Schuhe an und geht hinaus.
Die Sonne glüht am Himmel. Juri steht im Schatten
des Apfelbaums. Ein Vogel kräht ganz in der Nähe.
Juri legt sich unter den Baum und ruht sich aus.

8 Schreibe die markierten Verben wie im Beispiel auf.

sieht – sehen _____

_____ _____

_____ _____

_____

9 Ihr könnt euch den Text diktieren oder ihn abschreiben.

10 Hier stimmt etwas nicht! Streicht die neun falsch geschriebenen Wörter durch und schreibt den Text richtig in euer Heft.

„Seen kann ich nie etwas, im Schu ist es ganz dunkel!", schimpfte die Zee. „Sei doch fro, dass du Schue hast, sonst hättest du viel mehr Müe!", erwiderten zwei Flöe in aller Rue – und ohne Schue!

11 Schreibt Sätze auf, in denen möglichst viele Wörter von dieser Doppelseite vorkommen. Es können auch Witzsätze sein: *In der Nähe kräht ein Reh mit Mühe.*

• Rechtschreibstrategien anwenden
▶ Arbeitsheft: Seite 22
▶ Forderkartei: Nr. 82

Wortbildung: Wortmuster

> Wörter einer **Wortfamilie** haben denselben **Wortstamm.**
> Viele **Wortstämme** und **Wortbausteine**
> **(Vorsilben und Endungen)** kommen häufig vor.
> Oft kann man Wörter leichter schreiben,
> wenn man sie in ihre einzelnen Teile zerlegen kann.

1 Benennt bei diesem Wort einmal Vorsilbe, Wortstamm und Endung.

Ver   käuf   er

Vorsilbe   Wortstamm   Endung

2 Markiert in diesen Wörtern erst einmal den Wortstamm.

kaufen   einkaufen   gekauft   Kaufhaus   kaufte   käuflich

3 Schreibe die anderen Wörter mit dem Wortstamm **kauf/käuf** ab
und kennzeichne sie wie in Aufgabe 1.

_____

_____

_____

4 Schreibe zu diesen Wörtern Wortfamilien in dein Heft.
Kennzeichne die einzelnen Wortteile.

Spiel   Freund   Schreck   lieb   Zahl

36   • Arbeit mit der Wortfamilie   ▶ Wörterliste: Seite 48 – 63   ▶ Arbeitsheft: Seite 26
     • Wortteile kennzeichnen

5 Markiert auch bei diesen Wörtern erst einmal den Wortstamm.

Baum   verbieten   glücklich   Ergebnis   Fußball

6 Schreibe jedes Wort in eine neue Zeile
und kennzeichne die Wortteile.

_____

_____

_____

_____

_____

7 Schreibe neben jedes Wort ein weiteres Wort aus der
Wortfamilie und kennzeichne die Wortteile.

8 Suche in der Wörterliste Wörter, die zu diesen Mustern passen,
und schreibe sie auf.

a. _____

b. _____

c. _____

d. _____

e. _____

● Arbeit mit der Wortfamilie   ▶ Wörterliste: Seite 48 – 63   ▶ Arbeitsheft: Seite 26

● Wortteile kennzeichnen

37

Wortbildung: ein oder zwei Mitlaute?

> Bei zusammengesetzten Wörtern muss man besonders aufpassen, wenn **zwei gleiche Buchstaben aufeinandertreffen**, denn man muss dann auch beide Buchstaben schreiben:
> **an-n**ehmen – a**nn**ehmen   fah**r-R**ad – Fah**rr**ad.

1 Setze die Verben einer Zeile zusammen und lest sie so vor, dass man die beiden gleichen Mitlaute hört.

an-	-nehmen	-nähen	-nageln
ab-	-brennen	-brechen	-beißen
zer-	-reißen	-rupfen	-reiben
ver-	-raten	-reisen	-rechnen
aus-	-suchen	-sehen	-sägen
auf-	-fallen	-fordern	-fangen

2 Schreibe die zusammengesetzten Verben auf.

annehmen,

3 Schreibe mit den Verben Sätze in dein Heft. Benutze dabei die Wörter **soll**, **kann** oder **darf**:
Lisa kann den Knopf annähen.

- Wörter mit schwierigen Stellen schreiben
- Arbeitsheft: Seite 27
- Förderheft: Seite 44
- Forderkartei: Nr. 86

4 Sucht weitere Verben mit Vorsilben, bei denen zwei gleiche
Buchstaben aufeinandertreffen und stellt sie in der Klasse vor.

5 Zwei gleiche Buchstaben sollen aufeinandertreffen.
Der Wortanfang ist schon vorgegeben.
Überlegt erst einmal gemeinsam.

Telefon_____   Spinnen_____

Haus_____   Stroh_____

Fahr_____   Bilder_____

6 Schreibe die Wörter von Aufgabe 5 nun auf.
Kontrolliere mit der Wörterliste oder dem Wörterbuch.

7 Sammelt Wörter, bei denen drei gleiche Buchstaben
aufeinandertreffen.

8 Diese Wörter werden oft falsch geschrieben: herraus statt heraus.
Setze die folgenden Wörter mit den Vorsilben
her- und **hin**- zusammen.

| aus   unter   auf   ein   um   ab |

Vorsilbe **her**-: *heraus,*_____

_____

Vorsilbe **hin**-: *hinaus,*_____

_____

9 Schreibe mit einigen dieser Wörter Sätze auf.

● Wörter mit schwierigen
  Stellen schreiben

▶ Arbeitsheft: Seite 27
▶ Förderheft: Seite 44
▶ Forderkartei: Nr. 86

39

Wichtige Wortbausteine

Vorsilben mit v/V

> Die Vorsilben **ver-** und **vor-** werden mit **v** geschrieben:
> ver-stehen – ver\steh/en,
> vor-rechnen – vor\rechn/en.

1 Bildet gemeinsam zusammengesetzte Verben mit den Vorsilben **ver-** und **vor-**. Bei den meisten Verben passen beide Vorsilben.

> stehen rechnen geben fahren passen lassen
> nehmen stecken brennen rücken beugen werfen

2 Schreibe die zusammengesetzen Verben auf.

Verben mit **ver-**: _____

_____

_____

Verben mit **vor-**: _____

_____

_____

3 Suche dir einige zusammengesetzte Verben von Aufgabe 2 aus, die jeweils die gleiche Vorsilbe haben und schreibe damit Sätze auf, zum Beispiel mit **verrechnen** und **vorrechnen**.

4 Sucht Nomen mit den Vorsilben **Ver-** und **Vor-**.

- Besondere Wörter schreiben
- ▶ Arbeitsheft: Seite 28, 29
- ▶ Förderheft: Seite 45
- ▶ Forderkartei: Nr. 87

Endungen von Adjektiven

> Viele Adjektive enden auf **-ig** oder **-lich**: *mutig, feindlich*.
> Wenn man solche Adjektive **verlängert,** kann man die
> Endungen meist besser unterscheiden: *mutige, feindliche*.

1 Bildet gemeinsam mit den Nomen Adjektive mit **-ig** oder **-lich**.
Hier gilt: Wenn im Adjektiv ein **l** zu hören ist,
werden sie mit **-lich** geschrieben.

| Lust | Gefahr | Witz | Freund | Glück | Eis | Tod | Neugier |
| Gemüt | Sonne | Natur | Ecke | Feier | Gift | Matsch | Schaden |

2 Schreibe die Adjektive auf.
Kontrolliert gemeinsam mit der Wörterliste.

Adjektive mit **-ig**: _____

_____

_____

Adjektive mit **-lich**: _____

_____

_____

3 Schreibe Sätze mit den verlängerten Adjektiven, zum Beispiel:
Gestern haben wir einen sehr lustigen Film gesehen.

4 Sammelt gemeinsam Adjektive mit dem Wortbaustein **-isch**,
zum Beispiel: *erfinderisch, schwedisch, …*

• Besondere Wörter schreiben | ▸ Wörterliste: Seite 48 – 63 | ▸ Arbeitsheft: Seite 28, 29
▸ Förderheft: Seite 45
▸ Forderkartei: Nr. 87

Besondere Wörter 1

Fremdwörter

> Viele Wörter, die wir benutzen, haben wir aus anderen
> Sprachen übernommen, zum Beispiel
> **Jeans** aus dem Amerikanischen,
> **Joghurt** aus dem Türkischen und
> **Diktat** aus dem Lateinischen.

1 Lest die Fremdwörter und sprecht über ihre Aussprache.

> der Computer   das Diktat   die Jeans   der Joghurt   die Spaghetti
> der Kakao   das T-Shirt   das Lineal   der Pullover
> die Mathematik   der Ketchup   das Trikot

2 Schreibe die Wörter ohne Artikel in die Tabelle.

Kleidung	Essen/Trinken	Dinge in der Schule

3 Bildet Sätze, in denen möglichst viele dieser Wörter vorkommen.
Ihr könnt euch die Sätze auch gegenseitig diktieren.

4 Schreibt eure Lieblingsfremdwörter auf und stellt sie vor.

5 Sucht noch weitere Fremdwörter.

● Wörter in eine Tabelle
einordnen

▶ Arbeitsheft: Seite 30
▶ Förderheft: Seite 35

Wörter mit f/F und pf/Pf

> Wörter mit **pf/Pf** sprechen wir oft nicht deutlich aus. Deshalb muss man beim Schreiben besonders aufpassen und sich Wörter mit **pf/Pf** merken.

1. Übt erst einmal, diese Zungenbrecher deutlich auszusprechen.

   Fünf pfiffige Fohlen fielen in eine Pfütze.
   Fünfzehn flinke Pferde fegten über das Pflaster.

2. Diktiert euch die Zungenbrecher gegenseitig.
   Wer diktiert, kontrolliert, was das andere Kind schreibt.

3. Schreibe die Wörter mit **f/F** und **pf/Pf** auf.
   Du kannst auch in der Wörterliste nachschlagen.

   | ?anne | ?lücken | ?ratze | ?ote | ?eifen | ?legen | ?els |
   | ?irsich | ?laume | ?esseln | ?lechten | ?au | ?loh | ?licht | ?eil |

   Wörter mit **f/F**: _____

   _____

   Wörter mit **pf/Pf**: _____

   _____

   _____

4. Kontrolliere die Wörter von Aufgabe 3 mit der Wörterliste.

5. Sammelt weitere Wörter mit **pf/Pf**.

Besondere Wörter 2

Wörter mit ai und mit chs

1 Wörter mit **ai** und **chs** musst du dir merken.
Schreibe die Wörter geordnet auf.

> Mai   Fuchs   Eidechse   Kaiser   sechs   Büchse   wachsen
> Hai   wechseln   Mais   Wachs   Dachs
> Echse   Laich   Lachs   Achsel   Luchs   Ochse

Wörter mit **ai**: _____

Wörter mit **chs**: _____

_____

_____

2 Diktiert euch die Wörter gegenseitig.
Wer diktiert, kontrolliert, ob das andere Kind alles richtig schreibt.

3 Denkt euch Rätselsätze mit den Wörtern aus, zum Beispiel:

Dieses Tier ist ein Raubtier, hat rötliches Fell

und einen buschigen Schwanz: _____

4 Sammelt weitere Wörter mit Besonderheiten,
die man sich merken muss, wie zum Beispiel Wörter mit **eu**.

44 • Besondere Wörter schreiben
• Partnerdiktat

▶ Arbeitsheft: Seite 31
▶ Forderkartei: Nr. 67, 68, 88

Gleichklingende Wörter

> Einige Wörter können auf zwei verschiedene Weisen geschrieben werden und haben dann auch zwei verschiedene Bedeutungen

1 Besprecht in der Klasse, wann man welches Wort schreibt.

a. **ist** oder **isst**?
Er ? wirklich nett. – Er ? gerade einen Apfel.

_____

_____

b. **seid** oder **seit**?
Ihr ? reiten gewesen. – Ich reite ? drei Jahren.

_____

_____

c. **war** oder **wahr**?
Das kann ja wohl nicht ? sein. – Das ? aber witzig!

_____

_____

2 Schreibe die Sätze von Aufgabe 1 vollständig in die leeren Zeilen.

3 Denkt euch zu diesen Wortpaaren je einen eigenen Satz aus und schreibt sie ins Heft.

viel – fiel   fast – fasst   mehr – Meer   man – Mann

4 Sammelt auf einem Plakat weitere gleich klingende Wortpaare.

- Besondere Wörter schreiben
- Partnerdiktat

▶ Arbeitsheft: Seite 31
▶ Forderkartei: Nr. 67, 68, 88

45

Was kann ich nun?

Teste dich doch einmal selbst!
Schreibe die Antworten auf.
Schau dann auf Seite 65 nach, ob du alles richtig gemacht hast.

1 Schreibe vier Wörter mit **ä** auf.

_____ ◯

2 Welche Wörter schreibt man mit **s**, welche mit **ß**?
Schreibe sie richtig auf.

> das Gla**?**   der Spa**?**   der Krei**?**
> sie lie**?**t   er schie**?**t   du nie**?**t

_____
_____ ◯

3 Schreibe die Bildwörter auf.

_____   _____   _____   _____ ◯

4 Welche Wörter schreibt man mit **g**, welche mit **k**?
Schreibe sie auf.

> er krie**?**t   sie zan**?**t   sie fra**?**t   es stin**?**t   er ma**?**   sie hin**?**t

_____
_____ ◯

46 • Selbsteinschätzung   ■ Lösungen: Seite 65   ▶ Arbeitsheft: Seite 18, 19,
   • Diagnose   26, 28, 29, 31, 63, 64

5 Ergänze die Wortmuster:

freundlich   wohnen   verschreiben   weglaufen ◯

6 Warum schreibt man verraten mit **rr**?

_____

_____ ◯

7 **F, Pf, Ph, V** oder **W**?
Diese Wörter kannst du wahrscheinlich nicht auf Anhieb richtig
schreiben. Schlage an verschiedenen Stellen in der Wörterliste
nach und setze die richtigen Buchstaben ein.

das ____änomen   der ____egetarier   der ____ifferling

der ____alzer   der ____arn

8 Schreibe Wörter mit **ver-** und mit **vor-** auf.

_____ ◯

9 In jeder Zeile gibt es ein falsch geschriebenes Wort.
Streiche es durch und schreibe das Wort richtig neben den Text.

Du isst ja gar nicht fiel, hast du keinen Hunger?   _____

Im Mai wahr es einmal richtig kalt, wirklich wahr! _____

Ob wohl ein Luchs größer als ein Fuchs isst?   _____ ◯

● Selbsteinschätzung   ■ Lösungen: Seite 65   ▶ Arbeitsheft: Seite 18, 19,
● Diagnose   26, 28, 29, 31, 63, 64   **47**

Wörterliste

A a

ab
ab|bei|ßen
  beißt ab
ab|bre|chen
  bricht ab
ab|bren|nen
Abend, der
aber
Ab|fluss, der
  die Ab|flüs|se
ab|küh|len
  kühlt ab
Ab|küh|lung, die
acht
Ach|sel, die
Af|fe, der
  die Af|fen
ähn|lich
Al|bum, das
  die Al|ben
al|le
al|lein
Al|pha|bet, das
als
al|so
alt
  äl|ter, am
  äl|tes|ten
Am|pel, die
an|de|re
an|ders
An|fang, der
  die An|fän|ge
an|fan|gen
an|fas|sen
an|ge|ben
Angst, die

ängst|lich
an|na|geln
an|nä|hen
an|neh|men
an|schau|en
an|stren|gend
Ant|wort, die
  die Ant|wor|ten
ant|wor|ten
  ant|wor|tet
an|zie|hen
  zieht an
Ap|fel, der
  die Äp|fel
Ap|fel|si|ne, die
Ap|pe|tit, der
Ap|ril, der
Aqua|ri|um, das
Ar|beit, die
ar|bei|ten
  ar|bei|tet
Är|ger, der
är|gern, sich
  är|gert
Arm, der
  die Ar|me
arm
  är|mer,
  am ärms|ten
Arm|band, das
Arzt, der
  die Ärz|te
Ärz|tin, die
  die Ärz|tin|nen
Ass, das
Ast, der
  die Äs|te
auch
auf

auf ein|mal
auf|fal|len
auf|fan|gen
auf|for|dern
Auf|ga|be, die
  die Auf|ga|ben
auf|hei|tern
Auf|hei|te|rung, die
auf|hö|ren
  hört auf
auf|pas|sen
  passt auf
auf|re|gen, sich
Auf|satz, der
  die Auf|sät|ze
auf|ste|hen
Au|ge, das
  die Au|gen
Au|gust, der
aus
aus|la|chen
aus|sä|gen
aus|se|hen
au|ßer
au|ßer|dem
aus|su|chen, sich
Aus|weis, der
  die Aus|wei|se
aus|zie|hen
Au|to, das
  die Au|tos

B b

Ba|by, das
  die Ba|bys
Bach, der
  die Bä|che

Ba|cke, die
  die Ba|cken
ba|cken
  bäckt, *auch:*
  backt
Bad, das
  die Bä|der
ba|den
  ba|det
Bahn, die
  die Bah|nen
bald
Ball, der
  die Bäl|le
Band, das
  die Bän|der
Bank, die
  die Bän|ke
Bär, der
  die Bä|ren
bas|teln
  bas|telt
Bauch, der
  die Bäu|che
bau|en
  baut
Baum, der
  die Bäu|me
bei|de
Bein, das
  die Bei|ne
bei|ste|hen
bei|ßen
  beißt, biss,
  ge|bis|sen
be|kämp|fen
  be|kämpft
be|kom|men
  be|kommt

bel|len
bellt
be|lü|gen
be|lügt
be|nö|ti|gen
be|nö|tigt
be|ob|ach|ten
be|ob|ach|tet
Berg, der
die Ber|ge
Be|ruf, der
die Be|ru|fe
be|schränkt
be|schüt|zen
be|schützt
be|sich|ti|gen
be|sich|tigt
be|son|ders
be|sor|gen
be|sorgt
bes|ser
am bes|ten
be|steh|len
be|stiehlt
be|stimmt
Be|such, der
be|su|chen
Bett, das
die Bet|ten
bet|teln
bet|telt
be|wa|chen
bewacht
be|wei|sen
be|weist
be|wöl|ken
be|wölkt
Be|wöl|kung, die

be|zah|len
be|zahlt
bie|gen
biegt, bog,
ge|bo|gen
Bie|ne, die
die Bie|nen
Bild, das
die Bil|der
bil|lig
bin
ich bin
Bir|ne, die
die Bir|nen
bis
ein **biss|chen**
Bis|sen, der
bis|sig
bit|ten
bit|tet, bat,
ge|be|ten
bit|ter
bla|sen
bläst
blass
Blatt, das
die Blät|ter
blau
Blech, das
die Ble|che
blei|ben
bleibt
Blei|stift, der
die Blei|stif|te
blind
blin|zeln
blin|zelt

Blitz, der
die Blit|ze
blit|zen
blitzt
blond
bloß
blü|hen
blüht
Blu|me, die
die Blu|men
Blut, das
Blü|te, die
blu|tig
bo|ckig
Boh|ne, die
die Boh|nen
Bon|bon, das, der
die Bon|bons
Boot, das
die Boo|te
bö|se
bo|xen
boxt
brau|chen
braucht
braun
brau|sen
braust
bre|chen
bricht, brach,
ge|bro|chen
breit
brei|ter,
am brei|tes|ten
Brem|se, die
die Brem|sen
brem|sen
bremst

bren|nen
brennt, brann|te,
ge|brannt
Brief, der
die Brie|fe
Bril|le, die
die Bril|len
brin|gen
bringt, brach|te,
ge|bracht
Brot, das
die Bro|te
Brü|cke, die
die Brü|cken
Bru|der, der
die Brü|der
brül|len
brüllt
brum|men
brummt
brum|mig
Buch, das
die Bü|cher
Büchse, die
bü|cken
bunt
Bunt|stift, der
die Bunt|stif|te
Burg, die
die Bur|gen
Bus, der
die Bus|se
Busch, der
die Bü|sche
bü|ßen
büßt
But|ter, die

49

C c

Co|mic, der
Com|pu|ter, der
cool
  coo|ler
  am cools|ten
Cou|sin, der
Cou|si|ne, die
Crois|sant, das
  die Crois|sants

D d

da
da|bei
Dach, das
  die Dä|cher
Dachs, der
Da|ckel, der
  die Da|ckel
da|für
da|ge|gen
da|mals
Da|me, die
  die Da|men
da|mit
däm|lich
da|nach
dank|bar
dan|ken
  dankt
dann
da|rauf, dar|auf,
da|rüber, dar|über,
da|rum, dar|um
Dau|men, der
  die Dau|men

da|von
da|vor
da|zu
De|cke, die
  die De|cken
dein, dei|ne
den|ken
  denkt, dach|te,
  ge|dacht
denn
des|halb
deut|lich
  deut|li|cher,
  am deut|lichs|ten
De|zem|ber, der
dich
dicht
dick
  di|cker,
  am dicks|ten
dick|köp|fig
Dieb, der
  die Die|be
Dieb|stahl, der
Diens|tag, der
Dik|tat, das
  die Dik|ta|te
dik|tie|ren
Ding, das
dir
Dis|tel, die
  die Dis|teln
Don|ners|tag, der
dort
dö|sen
  döst
Draht, der
  die Dräh|te
drau|ßen

Dreck, der
dre|ckig
drei
drin|nen
dro|hen
  droht
drü|ben
dumm
  düm|mer,
  am dümms|ten
dün|gen
  düngt
dun|kel
  dunk|ler,
  am dun|kels|ten
dünn
durch
dür|fen
  darf, durf|te
Durst, der
durs|tig

E e

echt
Ech|se, die
Ecke, die
eckig
egal
Ehe, die
ehr|lich
Ei, das
  die Ei|er
Ei|dech|se, die
ei|gen
ei|gent|lich
Ei|le, die
ei|lig

ein, ei|ne
ein|fach
ei|ni|ge
ei|ni|gen, sich
ein|kau|fen
ein|la|den
  lädt ein
ein|mal
ein|pa|cken
  packt ein
eins
ein|sam
ein|trü|ben
Ein|trü|bung, die
ein|wi|ckeln
  wi|ckelt ein
Eis, das
Ei|sen, das
  die Ei|sen
ei|sig
ek|lig
El|tern, die
En|de, das
  zu En|de
end|lich
eng
ent|de|cken
  ent|deckt
En|te, die
  die En|ten
ent|schul|di|gen,
  sich
Ent|schul|digung,
  die
ent|täu|schen
  ent|täuscht
Erd|bee|re, die
  die Erd|bee|ren
Er|de, die

50

er|fin|den
 er|fin|det
er|fin|de|risch
er|ge|ben
 er|gibt
Er|geb|nis, das
er|käl|ten, sich
 er|käl|tet
Er|käl|tung, die
er|klä|ren
 er|klärt
Er|leb|nis, das
 die Er|leb|nis|se
ernst
er|schre|cken
 er|schreckt,
 er|schreck|te,
 er|schro|cken
er|wär|men
 er|wärmt
Er|wär|mung, die
er|zäh|len
 er|zählt
es
es|sen
 isst, aß,
 ge|ges|sen
Es|sen, das
Ess|löf|fel, der
Etui, das
 die Etuis
et|was
euch
Eu|le, die

F f

Fa|bel, die
 die Fa|beln
fah|ren
 fährt, fuhr,
 ge|fah|ren
Fahr|rad, das
 die Fahr|rä|der
fair
fal|len
 fällt, fiel,
 ge|fal|len
falsch
Fa|mi|lie, die
 die Fa|mi|li|en
fan|gen
 fängt, fing,
 ge|fan|gen
Far|be, die
far|big
farb|lich
Farn|kraut, das
 die Farn|kräu|ter
Fass, das
 die Fäs|ser
fas|sen
 fasst, fass|te,
 ge|fasst
faul
Fe|bru|ar, der
 auch: der
 Feb|ru|ar
Fe|der, die
 die Fe|dern
Fee, die
feh|len
 fehlt
Feh|ler, der
 die Feh|ler

fei|ern
 fei|ert
Feind, der
 die Fein|de
feind|lich
Feld, das
 die Felder
Fell, das
 die Fel|le
Fels, der
 die Fel|sen
Fens|ter, das
 die Fens|ter
Fe|ri|en, die
Fer|kel, das
 die Fer|kel
fern|se|hen
Fern|se|her, der
fer|tig
fes|seln
 fes|selt
Fest, das
 die Fes|te
fest
 fes|ter,
 am fes|tes|ten
Feu|er, das
 die Feu|er
fies
Filz|stift, der
 die Filz|stif|te
fin|den
 fin|det, fand,
 ge|fun|den
Fin|ger, der
 die Fin|ger
Fisch, der
 die Fi|sche
Fla|sche, die

flech|ten
 flicht, flocht,
 ge|floch|ten
Fleiß, der
flei|ßig
 flei|ßi|ger,
 am flei|ßigs|ten
flie|gen
 fliegt, flog,
 ge|flo|gen
flie|hen
 flieht, floh,
 ge|flo|hen
flie|ßen
 fließt, floss,
 ge|flos|sen
flit|zen
 flitzt
Floh, der
 die Flö|he
Flos|se, die
 die Flos|sen
Floß, das
 die Flö|ße
Flug, der
 die Flü|ge
Flü|gel, der
Flug|zeug, das
Fluss, der
 die Flüs|se
flüs|sig
Flüs|sig|keit, die
flüs|tern
 flüs|tert
fort
Fra|ge, die
fra|gen
 fragt, frag|te,
 ge|fragt

51

Frat|ze, die
die Frat|zen
Frau, die
die Frau|en
Fräu|lein, das
die Fräu|lein
frech
fre|cher,
am frechs|ten
frei
Frei|tag, der
fremd
fres|sen
frisst, fraß,
ge|fres|sen
Freu|de, die
freu|en, sich
freu|dig
Freund, der
die Freun|de
Freun|din, die
die Freun|din|nen
freund|lich
frie|ren
friert, fror,
ge|fro|ren
froh
fröh|lich
Frost, der
fros|tig
früh
frü|her
Früh|ling, der
Früh|stück, das
früh|stü|cken
früh|stückt
Fuchs, der
die Füch|se

füh|len
fühlt
Füh|ler, der
Fül|ler, der
fünf
für
Fuß, der
die Fü|ße
Fut|ter, das
füt|tern
füt|tert
Fuß|ball, der
die Fuß|bäl|le

G g

Ga|bel, die
die Ga|beln
Gang|schal|tung,
die
Gans, die
die Gän|se
Gän|se|rich, der
ganz
gar nicht
gar nichts
Gar|ten, der
die Gär|ten
Gast, der
die Gäs|te
ge|ben
gibt, gab,
ge|ge|ben
Ge|biss, das
Ge|burts|tag, der
Ge|drän|gel, das
ge|fähr|lich

ge|fal|len
ge|fällt, ge|fiel,
ge|fal|len
Ge|fäß, das
Ge|fühl, das
die Ge|füh|le
ge|gen|sei|tig
ge|gen|über
ge|heim
ge|hen
geht, ging,
ge|gan|gen
ge|hö|ren
ge|hört
Geiz, der
gei|zig
Ge|län|der, das
gelb
Geld, das
die Gel|der
ge|mein
ge|mein|sam
ge|müt|lich
ge|nau
ge|nie|ßen
ge|nießt, ge|noss,
ge|nos|sen
ge|nug
Ge|päck|trä|ger,
der
ge|ra|de
ge|rin|gelt
gern
Ge|schäft, das
die Ge|schäf|te
Ge|schenk, das
die Ge|schen|ke
Ge|schich|te, die
die Ge|schich|ten

ge|schickt
Ge|sicht, das
die Ge|sich|ter
Ge|spenst, das
die Ge|spens|ter
ge|spens|tisch
ges|tern
ge|sund
Ge|wäs|ser, das
die Ge|wäs|ser
ge|win|nen
ge|winnt,
ge|wann,
ge|won|nen
Ge|wit|ter, das
ge|wohnt
gie|ßen
gießt, goss,
ge|gos|sen
Gift, das
gif|tig
Gi|raf|fe, die
die Gi|raf|fen
Glas, das
die Glä|ser
glatt
Glat|ze, die
glau|ben
glaubt
gleich
Glo|cke, die
die Glo|cken
Glück, das
glück|lich
glü|hen
glüht
grab|beln
grab|belt

52

gra|ben
  gräbt, grub,
  ge|gra|ben
Gras, das
  die Grä|ser
gra|sen
  grast
gra|tu|lie|ren
  gra|tu|liert
grau
Gren|ze, die
grin|sen
  grinst
grob
  grö|ber,
  am gröbs|ten
groß
  grö|ßer,
  am größ|ten
grün
Grup|pe, die
gru|se|lig
Gruß, der
  die Grü|ße
grü|ßen
  grüßt
gu|cken
  guckt
Gum|mi, der, das
Gur|ke, die
  die Gur|ken
gut
  bes|ser,
  am bes|ten
  al|les Gu|te
Gü|te, die
gü|tig

H h

Haar, das
  die Haa|re
ha|ben
  hat, hat|te,
  ge|habt
Ha|fen, der
  die Hä|fen
Hahn, der
  die Häh|ne
Hai, der
halb
Hals, der
  die Häl|se
hal|ten
  hält, hielt,
  ge|hal|ten
Ham|mer, der
Hand, die
  die Hän|de
hän|gen
  hängt
harm|los
hart
Ha|se, der
has|sen
  hasst
Haus, das
  die Häu|ser
  das Häus|chen
  zu Hau|se sein
  mein Zu|hau|se
Haut, die
  die Häu|te
he|ben
  hebt, hob,
  ge|ho|ben

Heft, das
  die Hef|te
Heim|weh, das
heiß
  hei|ßer,
  am hei|ßes|ten
hei|ßen
  heißt
hei|zen
  heizt
hel|fen
  hilft, half,
  ge|hol|fen
hell
Helm, der
Hemd, das
  die Hem|den
Hen|kel, der
  die Hen|kel
Hen|ne, die
her
he|rab, her|ab
he|rauf, her|auf
he|raus, her|aus
he|rein, her|ein
Herbst, der
Herd, der
  die Her|de
herr|lich
herr|schen
  herrscht
he|rum,
  her|um
he|run|ter,
  her|un|ter
her|vor
Herz, das
  die Her|zen

herz|lich
het|zen
heu|len
  heult
heu|te
He|xe, die
hier
Hil|fe, die
Him|mel, der
hin
hi|nab, hin|ab
hi|nauf, hin|auf
hi|naus, hin|aus
hi|nein, hin|ein
hin|fal|len
  fällt hin, fiel hin,
  hin|ge|fal|len
hin|ken
  hinkt
hin|ter
hin|ter|her
Hin|ter|rad, das
hi|nun|ter,
  hin|un|ter
Hit|ze, die
ho|beln
  ho|belt
hoch
  hö|her,
  am höchs|ten
hof|fen
  hofft
hof|fent|lich
Hö|he, die
ho|len
  holt, hol|te,
  ge|holt
Holz, das

53

hop|peln
  hop|pelt
hö|ren
  hört
Ho|se, die
  die Ho|sen
Huf, der
  die Hu|fe
Huhn, das
  die Hüh|ner
Hum|mel, die
  die Hum|meln
Hund, der
  die Hun|de
Hün|din, die
Hun|ger, der
hung|rig
hüp|fen
  hüpft
Hut, der
  die Hü|te

I i

Igel, der
  die Igel
ihm
ihn, ih|nen
ihr, ih|ren
im
im|mer
In|ter|net, das
In|ter|view, das
ir|gend|ei|ner
ir|gend|et|was
ir|gend|wie
ir|gend|wo

J j

Ja|cke, die
  die Ja|cken
Jahr, das
  die Jah|re
jam|mern
  jam|mert
Ja|nu|ar, der
Jeans, die
je|de, je|der
je|den|falls
je|mand
jetzt
Jo|ghurt, der, das
  auch: der Jo|gurt
jong|lie|ren
  jong|liert
  auch: jon|glie|ren
ju|cken
  juckt
Ju|li, der
jung
  jün|ger,
  am jüngs|ten
Jun|ge, der
  die Jun|gen
Ju|ni, der

K k

Kä|fer, der
  die Kä|fer
Kaf|fee, der
Kai|ser, der
Ka|ka|du, der
  die Ka|ka|dus
Ka|kao, der

Ka|len|der, der
kalt
  käl|ter,
  am käl|tes|ten
Käl|te, die
Ka|me|ra, die
  die Ka|me|ras
Kamm, der
  die Käm|me
käm|men
  kämmt
Kampf, der
  die Kämp|fe
kämp|fen
  kämpft
ka|putt
Kas|se, die
  die Kas|sen
Kat|ze, die
  die Kat|zen
kau|fen
  kauft, du kaufst,
  kauf|te, ge|kauft
kaum
kein, kei|ne
Keks, der, das
ken|nen
  kennt, kann|te,
  ge|kannt
Kern, der
  die Ker|ne
Ker|ze, die
  die Ker|zen
Kes|sel, der
Ket|chup, der
  auch: das
  Ket|chup
Ket|te, die
  die Ket|ten

ki|chern
  ki|chert
Kind, das
  die Kin|der
kind|lich
Kir|sche, die
  die Kir|schen
kit|zeln
  kit|zelt
kläf|fen
  kläfft
Klam|mer, die
  die Klam|mern
Klang, der
  die Klän|ge
klap|pern
  klap|pert
klar
Klas|se, die
  die Klas|sen
kle|ben
  klebt
kle|ckern
  kle|ckert
Klee, der
Kleid, das
  die Klei|der
klei|den,
  klei|det
klein
  klei|ner,
  am kleins|ten
klet|tern
  klet|tert
Klin|gel, die
klin|geln
  klin|gelt
klin|gen
  klingt

54

Kloß, der
die Klö|ße
Klotz, der
die Klöt|ze
klug
klü|ger,
am klügs|ten
knab|bern
knab|bert
kna|cken
knackt
knal|len
knallt
Knap|pe, der
Knecht, der
knei|fen
kneift, kniff,
ge|knif|fen
Knie, das
kno|beln
kno|belt
Knopf, der
die Knöp|fe
knuf|fen
knufft
ko|chen
kocht
ko|misch
kom|men
kommt, kam,
ge|kom|men
Kö|nig, der
Kö|ni|gin, die
kön|nen
kann
Kopf, der
die Köp|fe
kos|ten
kos|tet

krab|beln
krab|belt
Krach, der
kräch|zen
krächzt
Kraft, die
kräf|tig
Krä|he, die
die Krä|hen
Kral|le, die
die Kral|len
Kran, der
die Krä|ne
krank
Kranz, der
die Krän|ze
krat|zen
kratzt
Kreis, der
die Krei|se
Kreuz, das
die Kreu|ze
krie|chen
kriecht, kroch,
ge|kro|chen
krie|gen
kriegt
Krö|te, die
die Krö|ten
Krug, der
die Krü|ge
krumm
Ku|chen, der
Ku|gel, die
die Ku|geln
Kuh, die
die Kü|he
kühl
Kuh|le, die

Kunst, die
künst|lich
Kür|bis, der
die Kür|bis|se
kurz
kür|zer,
am kür|zes|ten
Kuss, der
die Küs|se
küs|sen
küsst, küss|te,
ge|küsst

L l

la|chen
lacht
lä|cheln
lä|chelt
Lachs, der
Laich, der
Land, das
die Län|der
lang
län|ger,
am längs|ten
Lan|ge|wei|le, die
lang|sam
lang|wei|lig
Lan|ze, die
Lap|top, der
die Lap|tops
las|sen
lässt, ließ,
ge|las|sen
Laub, das
lau|fen
läuft, lief,
ge|lau|fen

Laus, die
die Läu|se
laut
lau|ter,
am lau|tes|ten
le|ben
lebt
Le|bens|raum, der
le|cken
leckt
le|cker
leer
le|gen
legt
Leh|rer, der
Leh|re|rin, die
die Leh|re|rin|nen
leicht
leich|ter,
am leich|tes|ten
lei|der
lei|se
lei|ser,
am lei|ses|ten
Len|ker, der
ler|nen
lernt
Le|se|buch, das
die Le|se|bü|cher
le|sen
liest, las,
ge|le|sen
letz|te, letz|ter
leuch|ten
leuch|tet
Leu|te, die
Licht, das
die Lich|ter

55

lieb
  lie|ber,
  am liebs|ten
Lie|be, die
lie|ben
  liebt
Lied, das
  die Lie|der
lie|gen
  liegt, lag,
  ge|le|gen
links
Lip|pe, die
Li|ter, der, das
lo|ben
  lobt
Loch, das
  die Lö|cher
Lo|cke, die
  die Lo|cken
lo|ckig
Löf|fel, der
los
Los, das
  die Lo|se
lö|sen
  löst
los|las|sen
Lö|we, der
  die Lö|wen
Luchs, der
Lü|cke, die
  die Lü|cken
Luft, die
lü|gen
  lügt, log,
  ge|lo|gen
Lust, die

lus|tig
  lus|ti|ger,
  am lus|tigs|ten

M m

ma|chen
  macht
Mäd|chen, das
  die Mäd|chen
Mahl, das
Mai, der
Mais, der
ma|len
  malt
man|che
manch|mal
Mann, der
  die Män|ner
Man|tel, der
  die Män|tel
Mar|ker, der
  die Mar|ker
Mar|mor, der
März, der
Ma|schi|ne, die
  die Ma|schi|nen
Ma|sern, die
Mas|ke, die
Matsch, der
mat|schig
Maul|wurf, der
  die Maul|wür|fe
Maus, die
  die Mäu|se
  das Mäus|chen
me|ckern
  me|ckert

Meer, das
  die Mee|re
Meer|schwein|chen,
  das
mehr
mein, mei|ne
meis|tens
Meis|ter, der
  die Meis|ter
mel|ken
  melkt
Me|lo|ne, die
  die Me|lo|nen
Mensch, der
  die Men|schen
mer|ken
  merkt
mes|sen
  misst, maß,
  ge|mes|sen
Mes|ser, das
  die Mes|ser
Me|ter, der, das
mich
Milch, die
Mind|map, die
mir
mit
mit|ei|n|an|der
mit|ma|chen
mit|neh|men
  nimmt mit,
  nahm mit,
  mit|ge|nom|men
Mit|tag, der
Mitt|woch, der
mo|dern
mö|gen
  mag, moch|te,
  ge|mocht

mög|lich
Mohn, der
Möh|re, die
Mohr|rübe, die
Mo|nat, der
Mond, der
Mon|tag, der
Moos, das
mor|gen
Mor|gen, der
Mü|cke, die
  die Mü|cken
mü|de
Mü|he, die
mu|hen
  muht
Mund, der
  die Mün|der
münd|lich
müs|sen
  muss, muss|te,
  ge|musst
Mut, der
mu|tig
  mu|tiger,
  am mu|tigs|ten
Mut|ter, die
  die Müt|ter
Müt|ze, die
  die Müt|zen

N n

nach
nach|den|ken
Nach|mit|tag, der
Nacht, die
  die Näch|te

na|geln
  na|gelt
nah
  nä|her,
  am nächs|ten
Nä|he, die
nä|hen
  näht
Nah|rung, die
Na|me, der
  die Na|men
näm|lich
Napf, der
  die Näp|fe
Na|se, die
  die Na|sen
nass
Na|tur, die
na|tür|lich
Ne|bel, der
neb|lig
ne|cken
  neckt
neh|men
  nimmt, nahm,
  ge|nom|men
ner|vös
nett
  net|ter,
  am net|tes|ten
Netz, das
  die Net|ze
neu
Neu|gier, die
neu|gie|rig
neun
nicht
nichts
ni|cken
  nickt

nie
nie|mals
nie|mand
nie|sen
  niest
noch
noch ein|mal
noch mal
No|vem|ber, der
nun
nur
Nuss, die
  die Nüs|se
nut|zen
  nutzt

O o

ob
oben
Obst, das
Och|se, der
oder
of|fen
oft
öf|ter
oh|ne
Ohr, das
  die Oh|ren
Ok|to|ber, der
Oma, die
  die Omas
On|kel, der
  die On|kel
Oran|ge, die
  die Oran|gen
or|dent|lich
Os|tern
Oze|an, der

P p

paar
  ein paar Blumen
Paar, das
  ein Paar Schuhe
pa|cken
  packt
Pa|ge, der
  die Pa|gen
Pa|pier, das
Pa|pri|ka, die
  auch: Pap|ri|ka, die
  auch: Paprika, der
Park, der
  die Parks
pas|sen
  passt, pass|te
Pau|se, die
Pe|dal, das
Pelz, der
pet|zen
  petzt
Pfan|ne, die
  die Pfan|nen
Pfau, der
  die Pfau|e
Pfef|fer|minz, das
pfei|fen
  pfeift, pfiff,
  ge|pfif|fen
Pfeil, der
  die Pfe|ile
Pferd, das
  die Pfer|de
Pfif|fer|ling, der
  die Pfif|fer|lin|ge
Pfings|ten
Pfir|sich, der
  die Pfir|si|che

Pflan|ze, die
  die Pflan|zen
pflan|zen
  pflanzt
Pflau|me, die
  die Pflau|men
pfle|gen
  pflegt, pfleg|te
  ge|pflegt
Pflicht, die
  die Pflich|ten
pflü|cken
  pflückt, pflück|te,
  ge|pflückt
Pfo|te, die
  die Pfo|ten
Pfüt|ze, die
  die Pfüt|zen
Phä|no|men, das
  die Phä|no|me|ne
Pin|sel, der
  die Pin|sel
plap|pern
  plap|pert
plär|ren
  plärrt
Platz, der
  die Plät|ze
plötz|lich
Po|ny, das
  die Po|nys
Post, die
pras|seln
  pras|selt
Preis, der
  die Prei|se
Prinz, der
  die Prin|zen
pro|ben
  probt

57

Pud|ding, der
Pu|del, der
puf|fen
  pufft
Pul|li, der
  die Pul|lis
Pul|lover, der
Pup|pe, die
  die Pup|pen
Pur|zel|baum, der
  die
  Pur|zel|bäu|me
Pus|te|blu|me, die
put|zen
  putzt

Qu qu

Qual|le, die
Quark, der
quas|seln
  quas|selt
Quatsch, der
Quel|le, die
quer
quiet|schen
  quietscht

R r

Ra|be, der
  die Ra|ben
Rad, das
  die Rä|der
ra|deln
  ra|delt
Rad fah|ren
Rad|fah|ren, das

Ra|dies|chen, das
  die Ra|dies|chen
Rah|men, der
  die Rah|men
Rand, der
  die Rän|der
ra|sen
  rast
ra|ten
  rät, riet,
  ge|ra|ten
Rät|sel, das
  die Rät|sel
Rat|te, die
  die Rat|ten
rau|ben
  raubt
Raum, der
  die Räu|me
räu|men
  räumt
raus
re|cher|chie|ren
re|cher|chiert
rech|nen
  rech|net,
  du rech|nest
rechts
re|den
  re|det
Re|flek|tor, der
Re|gen, der
reg|nen
  reg|net
Reh, das
  die Re|he
rei|ben
  reibt, rieb,
  ge|rie|ben
reich

Rei|fen, der
  die Rei|fen
Rei|he, die
rein
rein|ge|hen
rei|sen
  reist
rei|ßen
  reißt, riss,
  ge|ris|sen
rei|ten
  rei|tet, ritt,
  ge|rit|ten
rei|zen
  reizt
ren|nen
  rennt, rann|te,
  ge|rannt
re|pa|rie|ren
  re|pa|riert
ret|ten
  ret|tet
Rha|bar|ber, der
rich|tig
rie|chen
  riecht, roch,
  ge|ro|chen
Rie|se, der
  die Rie|sen
Rind, das
  die Rin|der
Ring, der
  die Rin|ge
Rit|ter, der
  die Rit|ter
Rock, der
  die Rö|cke
roh
Rohr, das
  die Roh|re

rot
Ruck, der
Rü|cken, der
rü|cken
  rückt
ru|fen
  ruft, rief,
  ge|ru|fen
Ru|he, die
ru|hen
  ruht
ruhig
rüh|ren
  rührt
rund
run|ter
rup|fen
  rupft
Rüs|tung, die
rut|schen
  rutscht

S s

Sa|chen, die
Sack, der
  die Sä|cke
sa|gen
  sagt
sä|gen
  sägt
Sa|lat, der
Salz, das
sam|meln
  sam|melt,
  ich samm|le,
  sam|mel|te,
  ge|sam|melt
Sams|tag, der

Sand, der
satt
Sat|tel, der
   die Sät|tel
Satz, der
   die Sät|ze
sau|ber
sau|fen
   säuft, soff,
   ge|sof|fen
sau|gen
   saugt
sau|sen
   saust
scha|de
Scha|den, der
schäd|lich
Schaf, das
   die Scha|fe
Schä|fer, der
schaf|fen
   schafft
Schal, der
Scha|le, die
schä|len
   schält, schäl|te,
   ge|schält
schä|men
scharf
Schatz, der
   die Schät|ze
schau|en
   schaut
schen|ken
   schenkt
Sche|re, die
   die Sche|ren
schie|ben
   schiebt, schob,
   ge|scho|ben

schief
schie|ßen
   schießt, schoss,
   ge|schos|sen
Schiff, das
   die Schif|fe
Schild, das
   die Schil|der
Schild|krö|te, die
   die Schild|krö|ten
schimp|fen
   schimpft
schlab|bern
   schlab|bert
schla|fen
   schläft, schlief,
   ge|schla|fen
schla|gen
   schlägt, schlug,
   ge|schla|gen
schlank
   schlan|ker, am
   schlan|kes|ten
schlau
Schlauch, der
   die Schläu|che
schlecht
schlie|ßen
   schließt,
   schloss,
   ge|schlos|sen
schlimm
   schlim|mer,
   am schlimms|ten
Schlitt|schuh, der
   die Schlitt|schu|he
Schloss, das
   die Schlös|ser
Schluss, der
Schlüs|sel, der

schmau|sen
   schmaust
schme|cken
   schmeckt
Schmerz, der
   die Schmer|zen
Schmied, der
   die Schmie|de
schmun|zeln
   schmun|zelt
schmut|zig
   schmut|zi|ger,
   am
   schmut|zigs|ten
Schna|bel, der
   die Schnä|bel
Schnau|ze, die
Schne|cke, die
   die Schne|cken
Schnee, der
schnei|den
   schnei|det,
   schnitt,
   ge|schnit|ten
schnell
   schnel|ler,
   am schnells|ten
Scho|ko|la|de, die
schon
schön
   schö|ner,
   am schöns|ten
scho|nen
   schont
Schoß, der
   die Schö|ße
schräg
Schrank, der
   die Schrän|ke

Schreck, der
schreck|lich
schrei|ben
   schreibt, schrieb,
   ge|schrie|ben
schrei|en
   schreit, schrie,
   ge|schri|en
Schrift, die
   die Schrif|ten
schrift|lich
Schuh, der
   die Schu|he
Schu|le, die
   die Schu|len
schul|dig
Schü|ler, der
Schü|le|rin, die
   die
   Schü|le|rin|nen
Schuss, der
   die Schüs|se
Schutz, der
schwach
   schwä|cher,
   am schwächs|ten
Schwan, der
   die Schwä|ne
Schwanz, der
schwarz
schwat|zen
   schwatzt
Schwein, das
   die Schwei|ne
schwer
   schwe|rer,
   am schwers|ten
Schwes|ter, die
   die Schwes|tern

59

schwim|men
schwimmt,
schwamm,
ge|schwom|men
schwit|zen
schwitzt
schwö|ren
schwört
schwül
sechs
See, der
se|hen
sieht, sah,
ge|se|hen
sehr
seid
ihr seid
sein
ist, war,
ge|we|sen
sel|ber, selbst
sel|ten
Sep|tem|ber, der
Ses|sel, der
set|zen
setzt sich
seuf|zen
seuftzt
Shorts, die
Sieb, das
die Sie|be
sie|ben
sie|gen
siegt
sind
wir sind
sin|gen
singt, sang,
ge|sun|gen

Sitz, der
die Sit|ze
sit|zen
sitzt, saß,
ge|ses|sen
Skate|board, das
die Skate|boards
So|cken, die
so|gar
Sohn, der
die Söh|ne
sol|che
sol|len
soll
Som|mer, der
Sonn|abend, der
Son|ne, die
son|nig
Sonn|tag, der
sonst
So|ße, die
die So|ßen
span|nend
Spaß, der
die Spä|ße
spät
spä|ter,
am spä|tes|ten
Spatz, der
die Spat|zen
spa|zie|ren
spa|ziert
spa|zie|ren ge|hen
Spei|che, die
die Spei|chen
Spiel, das
die Spie|le
spie|len
spielt

Spin|ne, die
die Spin|nen
spin|nen
spinnt, spann,
ge|spon|nen
spitz
Spit|ze, die
Sport, der
Spra|che, die
die Spra|chen
spre|chen
spricht, sprach,
ge|spro|chen
sprin|gen
springt, sprang,
ge|sprun|gen
sprit|zen
spritzt
sprit|zig
spu|cken
spuckt
Sta|chel, der
die Sta|cheln
Stadt, die
die Städ|te
Staf|fel, die
Stall, der
die Stäl|le
stark
stär|ker,
am stärks|ten
statt|fin|den
fin|det statt
ste|chen
sticht, stach,
ge|sto|chen
ste|hen
steht, stand,
ge|stan|den

steh|len
stiehlt, stahl,
ge|stoh|len
Stein, der
die Stei|ne
stei|nig
Stel|le, die
die Stel|len
stel|len
stellt
Stern, der
die Ster|ne
Stich, der
die Sti|che
Stie|fel, der
still
Stim|me, die
die Stim|men
stim|men
stimmt
stin|ken
stinkt
Stock, der
die Stö|cke
stolz
Stolz, der
stö|ren
stört
Stoß, der
die Stö|ße
Stra|ße, die
die Stra|ßen
Strauch, der
die Sträu|cher
Strauß, der
die Sträu|ße
strei|cheln
strei|chelt
Streit, der

60

strei|ten
strei|tet, stritt,
ge|strit|ten
Strich, der
die Stri|che
stri|cken
strickt
Strumpf, der
die Strümp|fe
Stück, das
die Stü|cke
Stu|fe, die
die Stu|fen
Stuhl, der
die Stüh|le
stumm
Stun|de, die
die Stun|den
Sturm, der
die Stür|me
Sturz, der
stür|zen
stürzt, stürz|te,
ge|stürzt
Stu|te, die
su|chen
sucht
sum|men
summt
Sup|pe, die
süß

   T t

Ta|fel, die
die Ta|feln
Tag, der
die Ta|ge

täg|lich
Tal, das
die Tä|ler
Tan|ne, die
die Tan|nen
Tan|te, die
die Tan|ten
Tanz, der
die Tän|ze
tan|zen
tanzt
Ta|sche, die
Tas|se, die
Tat|ze, die
taub
Ted|dy, der
die Ted|dys
Teich, der
die Tei|che
Te|le|fon, das
te|le|fo|nie|ren
Tel|ler, der
teu|er
Text, der
die Tex|te
ti|cken
tickt
tief
Tier, das
die Tie|re
Ti|ger, der
die Ti|ger
Tisch, der
die Ti|sche
to|ben
tobt
Toch|ter, die
die Töch|ter

Tod, der
tödlich
toll
tol|ler,
am tolls|ten
Ton, der
die Tö|ne
Ton|ne, die
die Ton|nen
Tor, das
Tor|te, die
tot
tra|ben
trabt
tra|gen
trägt, trug,
ge|tra|gen
Trä|ne, die
die Trä|nen
Traum, der
die Träu|me
träu|men
träumt
trau|rig
trau|ri|ger,
am trau|rigs|ten
Trau|rig|keit, die
tref|fen
trifft, traf,
ge|trof|fen
tren|nen
trennt, trenn|te,
ge|trennt
Trep|pe, die
die Trep|pen
tre|ten
tritt, trat,
ge|tre|ten

Trick, der
die Tricks
trin|ken
trinkt, trank,
ge|trun|ken
tro|cken
Tro|cken|heit, die
trom|meln
trom|melt
trös|ten
trös|tet
trotz
trotz|dem
trot|zig
Tru|he, die
T-Shirt, das
die T-Shirts
Tuch, das
die Tü|cher
tun
tut, tat, getan
Tür, die
die Tü|ren
Turm, der
tur|nen
turnt
Turn|schu|he, die
tu|scheln
tu|schelt
Tü|te, die
die Tü|ten

   U u

üben
über
über|all
über|schwem|men

Über|
schwem|mung,
  die
Uhr, die
um
Um|welt|schutz,
  der
und
un|heim|lich
uns
un|ten
un|ter
Un|ter|richt, der
un|ter|schied|lich

V v

Va|ter, der
  die Vä|ter
Ve|ge|ta|ri|er, der
  die Ve|ge|ta|ri|er
ver|beu|gen
  ver|beugt
ver|blü|hen
  ver|blüht
ver|bie|ten
  ver|bie|tet,
  ver|bat,
  ver|boten
ver|bren|nen
  ver|brennt
ver|dop|peln
  ver|dop|pelt
ver|fah|ren
  ver|fährt
ver|ge|ben
  ver|giebt
ver|ges|sen
  ver|gisst

ver|ir|ren
  ver|irrt
ver|ja|gen
  ver|jagt
ver|kau|fen
  ver|kauft
Ver|käu|fer, der
Ver|käu|fe|rin, die
Ver|kehr, der
  ver|kehrt
ver|klei|den
ver|las|sen
  ver|lässt
ver|lie|ben
  ver|liebt
ver|lie|ren
  ver|liert
ver|pas|sen
ver|ra|ten
ver|rech|nen
ver|rei|sen
ver|rü|cken
  ver|rückt
ver|schie|den
ver|schlos|sen
ver|schmut|zen
  ver|schmutzt
ver|sor|gen
  ver|sorgt
ver|ste|cken
  ver|steckt
ver|ste|hen
  ver|steht
ver|su|chen
  ver|sucht
Ver|un|rei|ni-
|gung, die
viel, vie|le
viel|leicht
vier

Vo|gel, der
  die Vö|gel
voll
vom
von
von|ei|n|an|der
vor
vor|bei
Vor|der|rad, das
vor|fah|ren
vor|füh|ren
  führt vor
vor|her
vor|las|sen
vor|le|sen
  liest vor
vor|neh|men
Vor|mit|tag, der
vorn
vor|rech|nen
  rech|net vor
vor|sich|tig
vor|rück|en
vor|ste|hen
vor|wer|fen
  wirft vor

W w

wach
Wachs, das
wach|sen
  wächst, wuchs,
  ge|wach|sen
Waf|fe, die
  die Waf|fen
Waf|fel, die
  die Waf|feln
Wa|gen, der

Wahl, die
  die Wah|len
wäh|len
  wählt
wahr
wahr|schein|lich
Wal, der
  die Wa|le
Wald, der
  die Wäl|der
Wal|zer|mu|sik, die
Wand, der
  die Wän|de
wan|dern
  wan|dert
wann
Wan|ne, die
war
  ich war
warm
  wär|mer,
  am wärms|ten
Wär|me, die
war|ten
  war|tet
wa|rum, war|um
was
wa|schen
  wäscht, wusch,
  ge|wa|schen
Was|ser, das
wech|seln
  wech|selt
We|cker, der
Weg, der
  die We|ge
weg
weg|lau|fen
weh|ren
  wehrt

weich
Weih|nach|ten
wei|nen
Wein|trau|be, die
  die Wein|trau|ben
weiß
weit
  wei|ter,
  am wei|tes|ten
Wei|zen, der
wel|che, wel|cher
wel|ken
  welkt
Wel|le, die
Welt, die
wem
wen
we|nig
we|nigs|tens
wenn
wer
wer|den
  wird, wur|de,
  ge|wor|den
Wet|ter, das
wich|tig
  wich|ti|ger,
  am wich|tigs|ten
wi|ckeln
  wi|ckelt
wie|der
Wie|se, die
wie viel
wie viele
wild
Wind, der
win|ken
  winkt
wir
wirk|lich

wis|sen
  weiß, wus|ste,
  ge|wusst
Witz, der
  die Wit|ze
wit|zig
Wo|che, die
wohl
woh|nen
  wohnt, wohn|te,
  ge|wohnt
Woh|nung, die
Wol|ke, die
Wol|le, die
wol|len
  will
Wort, das
  die Wör|ter
Wun|der, das
  die Wun|der
wun|dern, sich
  wun|dert
Wunsch, der
wün|schen
  wünscht
Wür|fel, der
Wurm, der
  die Wür|mer
Wurst, die
  die Würs|te
Wur|zel, die
  die Wur|zeln
Wut, die
wü|tend

Z z

Zahl, die
zäh|len
  zählt
zahm
zäh|men
  zähmt
Zahn, der
  die Zäh|ne
zan|ken
  zankt
zau|bern
  zau|bert
Zaun, der
  die Zäu|ne
Ze|bra, das
  die Ze|bras
Zeh, der
  auch: die Ze|he
  die Ze|hen
zehn
zeich|nen
  zeich|net
Zeit, die
Zeit|schrift, die
Zei|tung, die
Zelt, das
  die Zel|te
zer|rei|ben
zer|rei|ßen
  zer|reißt
zer|rup|fen
zer|stö|ren
  zer|stört
Zet|tel, der
Zeug|nis, das
  die Zeug|nis|se
Zie|ge, die
  die Zie|gen

zie|hen
  zieht, zog,
  ge|zo|gen
zie|len
  zielt
ziem|lich
Zim|mer, das
Zir|kus, der
Zi|tro|ne, die
  die Zi|tro|nen
Zoo, der
Zopf, der
  die Zöp|fe
Zu|cker, der
zu En|de
zu|erst
Zug, der
  die Zü|ge
zu|gu|cken
  guckt zu
zu Hau|se sein
Zu|hau|se, das
zu|hö|ren
  hört zu
zu|letzt
zu|rück
zu|sam|men
zu viel
zu we|nig
zwar
zwei
Zweig, der
  die Zwei|ge
Zwerg, der
  die Zwer|ge
zwi|cken
  zwickt
zwi|schen
zwölf

Wichtige Fachwörter

Alphabet: Das Alphabet besteht aus den 26 Buchstaben des ABCs von A bis Z. ▸ Seite 5

Dehnungs-h: Das Dehnungs-h zeigt an, dass der Selbstlaut, der davor steht, lang ausgesprochen wird: *füh-len*. ▸ Seite 22 – 23

doppelter Mitlaut: Ein doppelter Mitlaut entsteht, wenn man denselben Buchstaben verdoppelt. Die häufigsten doppelten Mitlaute sind: *ff, ll, mm, nn, pp, rr, ss, tt.* ▸ Seite 12 – 15

Grundform – gebeugte Form: Im Wörterbuch stehen die Verben in der Grundform. Die Grundform hat immer ein *-en* am Ende: *sehen, laufen, fangen.* In einem Satz stehen sie meistens in der gebeugten Formen: *ich sehe, du läufst, sie fängt.* ▸ Seite 8

Laut: Laute nennt man die Buchstaben von A – Z, wenn sie ausgesprochen werden. Laute kann man hören, Buchstaben kann man sehen. Es gibt Selbstlaute und Mitlaute. ▸ Seite 12

Mehrzahl: Von Nomen kann man eine Mehrzahl bilden: *die Bäume, die Häuser.* Mit der Mehrzahl sind immer mehrere Dinge gemeint. ▸ Seite 8

Mitlaut: Mitlaute sind Laute, bei denen beim Sprechen die Lippen, die Zunge oder die Zähne mitklingen: *b, d, f, g, j, k, l, m, n, p, q, r, s, t, v, w, x, z.* ▸ Seite 12

Perfekt: Das Perfekt ist eine Zeitform. Man verwendet sie vor allem, wenn man mündlich über etwas Vergangenes spricht: *Ich habe gespielt.* ▸ Seite 8

Präsens: Das Präsens ist eine Zeitform. Man verwendet sie vor allem, wenn man über etwas spricht oder schreibt, das in der Gegenwart geschieht: *Ich spiele gerade.* ▸ Seite 8

Präteritum: Das Präteritum ist eine Zeitform. Man verwendet sie vor allem, wenn man über etwas Vergangenes schreibt: *Ich spielte gestern Fußball.* ▸ Seite 8

Selbstlaut: Selbstlaute sind Laute, die beim Sprechen selbst klingen: *a, e, i, o, u,* aber auch *ä, ö, ü, au, ei, eu.* Es gibt kurze Selbstlaute und lange Selbstlaute. ▸ Seite 12, 16 – 21

Silbe: Silben sind Teile von Wörtern. Wörter können aus einer oder aus mehreren Silben bestehen: *Mai, Ju-ni, De-zem-ber.* Beim deutlichen Sprechen kann man die Silben hören. ▸ Seite 8

Umlaut: Umlaute sind solche Mitlaute, die zwei Striche über den Buchstaben haben: *ä, äu, ö, ü.* ▸ Seite 28

Wortbaustein: Viele Wörter sind aus verschiedenen Bausteinen zusammengesetzt. Solche Wortbausteine kann man vorn an ein Wort anfügen (*ab|geben*) oder hinten (*witz|ig*). ▸ Seite 36 – 41

Wortfamilie: Eine Wortfamilie besteht aus Wörtern, die miteinander verwandt sind. Ihre Verwandtschaft erkennt man daran, dass sie sich äußerlich ähnlich sehen: *fahren, fährst, gefahren, Fahrer, Fahrt, Fährte, ...* ▸ Seite 36 – 37

Wortstamm: Der Wortstamm ist der Hauptteil eines Wortes: -spiel-. An einen solchen Wortstamm können oft andere Wortbausteine vorn oder hinten angefügt werden: *Zu-spiel, spiel-bar, ver-spiel-en.* ▸ Seite 40 – 41